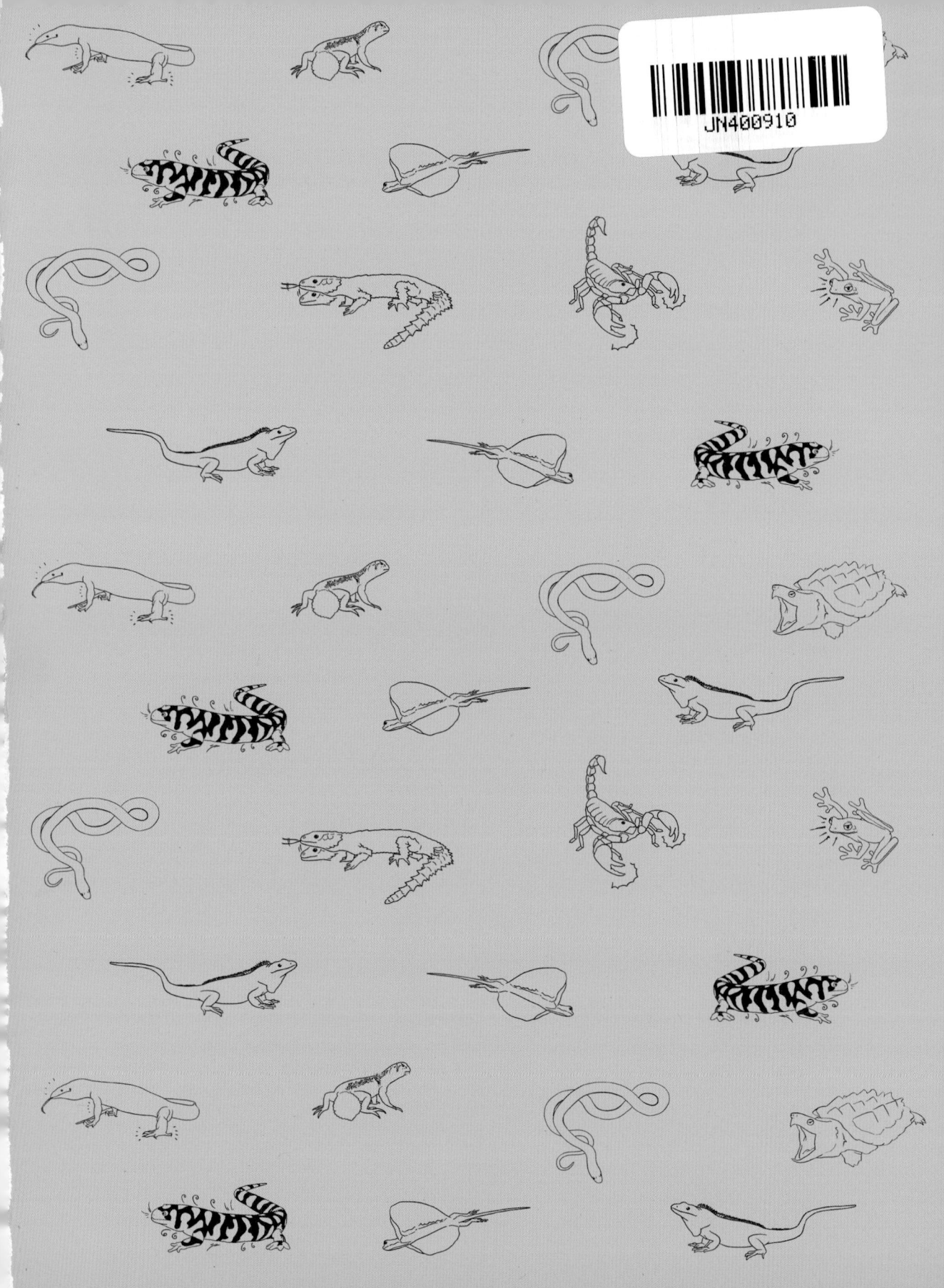

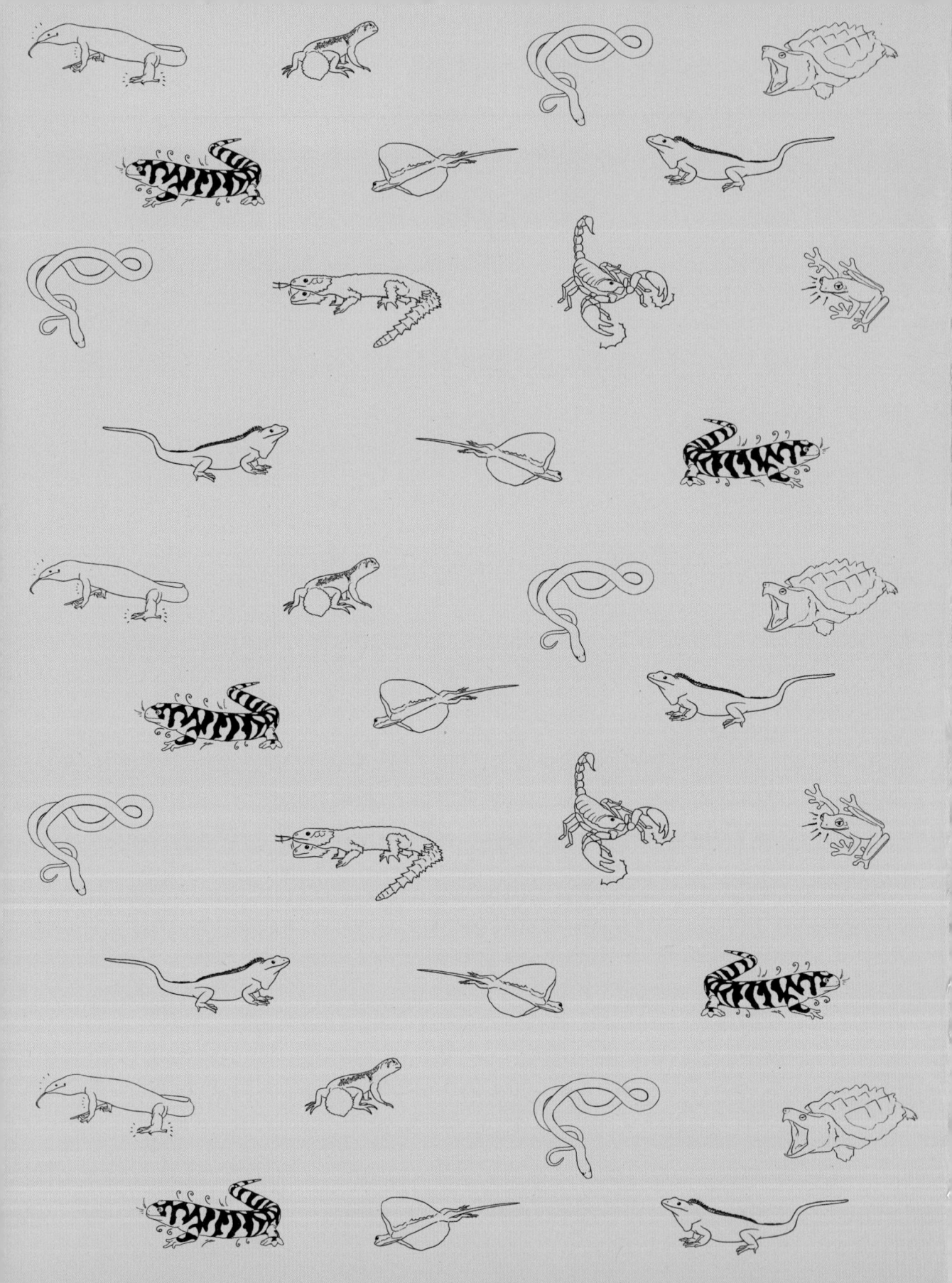

다흑의 왠지 신기한 동물 도감

다흑 지음 ● 홍민기 그림

2020년 6월 25일 초판 발행 2021년 10월 16일 2쇄 발행

펴낸이 김기옥 ● **펴낸곳** 봄나무 ● **아동 본부장** 박재성
편집 한수정 ● **디자인** 블루 ● **영업** 김선주, 서지운 ● **제작** 김형식 ● **지원** 고광현, 임민진
등록 제313-2004-50호(2004년 2월 25일) ● **주소** 121-839 서울시 마포구 양화로 11길 13(서교동, 강원빌딩 5층)
전화 02-325-6694 ● **팩스** 02-707-0198 ● **이메일** info@hansmedia.com

도서주문 한즈미디어(주)
주소 _ 121-839 서울시 마포구 양화로 11길 13(서교동, 강원빌딩 5층)
전화 _ 02-707-0337 ● **팩스** _ 02-707-0198

© 다흑, 2020

ISBN 979-11-5613-143-4 73490

- 이 책 내용의 일부 또는 전부를 사용하려면 반드시 저작권자와 봄나무 양측의 동의를 얻어야 합니다.
- 이 도서의 국립중앙도서관 출판예정도서목록(CIP)은 서지정보유통지원시스템 홈페이지(http://seoji.nl.go.kr)와 국가자료종합목록 구축시스템(http://kolis-net.nl.go.kr)에서 이용하실 수 있습니다.(CIP제어번호 : 2020024500)
- 책값은 뒤표지에 나와 있습니다.
- 동물과 사물의 이름은 표준어 표기법이 아닌 가장 흔하고 익숙한 명칭으로 표기했음을 밝힙니다.

머리말

"신기한 동물의 세계로
여러분을 초대합니다!"

이 넓은 세상에는 어린이 여러분이 잘 알거나 자주 만나 본 동물들도 많습니다. 하지만 그 이상으로 잘 모르거나 만나 보지 못한 동물들이 더 많을 거예요. 그 가운데 뱀류·도마뱀류·양서류·거북류·절지류는 아직 생소한 동물입니다. 이들은 생김새에서 느끼는 첫인상 때문인지 차갑고 무섭고 사나운 이미지로 인식하고 있을지도 몰라요. 그러나 모든 파충류나 절지류가 그렇지는 않습니다.

    귀여운 외모로 사랑받는   레오파드게코.
    멋진 외형을 자랑하는   비어디드래곤.
    몸을 공처럼 만드는   볼파이톤.
    기분과 주변 환경에 따라 색을 바꾸는   카멜레온까지.

생김새부터 습성이 독특한 동물들이 감추고 있는 매력이란 정말 무궁무진합니다.

전 세계에 사는 다양한 파충류와 절지류가 우리에게 친근하게 다가설 수 있다는 사실을 《다흑의 왠지 신기한 동물 도감》을 통하여 알리고 싶었습니다.

이 책은 여러분이 쉽게 만나 보지 못한 동물들을 소개하고 있어요. 동물들의 생생한 사진과 독특하고 재미있는 습성을 함께 다루고 있습니다. 또 신기한 동물들을 세심히 관찰할 수 있도록 알찬 내용으로 꾸미려 노력했습니다. 이를 통해 어린이 여러분이 모든 동물을 소중하게 아끼는 마음을 키웠으면 하는 바람도 담았답니다.

신기하고 독특한 파충류와 절지류가 모두에게 사랑과 관심을 받는 그 날이 올 때까지 여러분과 동물들의 매력을 나누고 싶습니다. 생명의 소중함은 아무리 강조해도 지나치지 않아요. 모쪼록 건강한 호기심으로 동물들을 사랑하는 어린이 여러분이 되기를 바라요.

다흑 드림

차례

머리말 ·06
파충류는 어떤 동물인가요? ·10
파충류의 분류는? ·11
동물 사육 도구 소개 ·12
브리더가 궁금해요! ·14
사육 용어 소개 ·17

1장 신기한 도마뱀류 관찰

도마뱀류는 어떤 동물인가요? ·20
롱테일그라스리자드 ·24
블랙스파니테일이구아나 ·28
듄게코 ·32
스파니테일게코 ·36
유로매스틱스토마시 ·38
헬멧티드게코 ·42
자이언트데이게코 ·44
레그리스리자드 ·48
비어디드래곤 ·52
플라잉리자드 ·56
가고일게코 ·60

거들테일리자드 ·62
나일모니터 ·66
리키에너스 ·70
납테일게코 ·72
데저트혼리자드 ·74
블루텅스킨크 ·76
사타닉리프테일게코 ·80
샌드피쉬스킨크 ·84
싱글백스킨크 ·86
아르헨티나블랙앤화이트테구 ·88
아브로니아 ·92
알거스모니터 ·94
엡시솔루스 ·98
피쉬스케일게코 ·100

신기한 도마뱀류를 찾아라! ·101

2장

신기한
뱀류 관찰

뱀류는 어떤 동물인가요? ·104
그린아나콘다 ·108
스크럽파이톤 ·112
워터파이톤 ·114
타이거렛스네이크 ·118
호그노즈 ·120
킹스네이크 ·124
밀크스네이크 ·128
뷰티렛스네이크 ·132
텐타클스네이크 ·134
라이노렛스네이크 ·136

신기한 뱀류를 찾아라! ·139

4장

신기한
양서류 관찰

양서류는 어떤 동물인가요? ·170
마린토드 ·174
파우더글라스트리프록 ·178
밀크트리프록 ·180
크로카투스뉴트 ·184
타이거살라만다 ·186
파이어벨리뉴트 ·190
레드아이트리프록 ·194
엠페러뉴트 ·198

신기한 양서류를 찾아라! ·199

3장

신기한
거북류 관찰

거북류는 어떤 동물인가요? ·142
팬케이크육지거북 ·146
방사거북 ·150
악어거북 ·154
마타마타거북 ·156
알다브라자이언트육지거북 ·160
다이아몬드백테라핀 ·164
페인티드테라핀 ·166

신기한 거북류를 찾아라! ·167

5장

신기한
절지류 관찰

절지류는 어떤 동물인가요? ·202
골리앗버드이터 ·208
기간티아 ·212
하드위키 ·216
황제전갈 ·218
아프리카자이언트밀리패드 ·222

신기한 동물들을 찾아라! 정답 ·223

파충류는 어떤 동물인가요?

'파충류'는 지질 시대의 공룡은 물론, 오늘날 지구에 사는 거북류·악어류·도마뱀류·뱀류 등이 있는 동물군이에요. 이들은 남극을 뺀 모든 지역에 살고 있답니다. 오늘날 파충류는 약 6,000종이 있다고 보고 있어요. 파충류는 어떤 특징이 있을까요?

1 비늘과 껍질로 이루어진 몸
땅의 메마른 환경에서 오랜 시간 지낼 수 있어요.

2 네발 동물
뱀은 예외! 하지만 뱀의 조상도 발이 4개 있었어요.

3 허파 호흡
물에서 오랜 시간 지내지 못해요.

동물별 호흡 기관

어류　파충류　조류　포유류

4 난생·난태생이 섞여 있다
땅에 알을 낳고 부모를 닮은 새끼가 태어나요.

5 활동 시간에 따라 다른 눈
파충류의 눈은 대부분 둥글거나 세로로 수직인 눈이에요.

주행성

야행성

6 변온 동물
온도 조절 능력이 없어서 외부의 온도에 따라 체온이 바뀌어요.

파충류의 분류는?

파충류			
도마뱀류	뱀류	거북류	악어류

■ 도마뱀류
발과 바깥귀가 있고 위협을 느끼면 꼬리를 자르기도 하는 종이에요. 약 3,400여 종이 있어요.

■ 뱀류
다리가 퇴화했고 독을 무기로 삼는 종이에요. 약 2,800여 종이 있어요.

■ 거북류
등과 배에 딱딱한 딱지가 있는 종이에요. 약 240종이 있어요.

■ 악어류
이빨이 날카롭고 단단한 비늘판이 있는 종이에요. 약 25종이 있어요.

* 모든 종류가 소개하는 분류 특징에 딱 맞지는 않아요.

동물 사육 도구 소개

여러분에게 소개할 동물들을 키울 때 그들에게 살기 좋은 환경이 되도록 만들어 줄 여러 도구가 필요해요. 동물들은 사람의 섬세한 관리가 없으면 스스로 무언가를 하기 어렵답니다. 동물의 관리와 좋은 환경을 위해 있으면 좋을 여러 도구를 정리해 봤어요.

① 은신처

파충류, 양서류가 안정을 느끼도록 해 주는 은신처야. 자연에 있을 때 이 녀석들은 나무 구멍이나 땅굴, 이파리 뒤에 숨어 적에게서 자신을 보호하거든? 키울 때는 적의 위협이 없지만 새 환경에 쉽게 적응할 때 은신처가 꼭 필요해.

② 바닥재

키우는 동물이 어떤 습성이 있고 어떤 환경에서 잘 사는지 알아야 해. 그에 따라 맞는 바닥재를 골라야 하거든. 톱밥이나 모래처럼 여러 종류가 있는 바닥재는 크게 건계·습계·반습계 등으로 나뉘어. 건계는 모래 바닥재, 습계는 수분을 잘 머금을 수 있는 바닥재, 반습계는 습기도 잡으면서 통기성도 뛰어난 바닥재이지. 습성에 따라 땅을 파고 들어가는 동물들도 있어서 바닥재 두께도 생각해야 해.

③ 사육장

파충류, 양서류는 독립된 공간에서 키워. 그 공간만 신경 쓰기 때문에 관리가 쉽다는 장점이 있어. 반대로 사육장이 공간을 차지한다는 단점이 있지. 동물이 살아갈 사육장은 크기와 기능에 따라 용도가 조금씩 달라.

■ **집중 관리 또는 임시 거처에 좋은 채집 통**
가볍고 옮기기 쉬워서 많은 수를 관리하거나, 따로 관리가 필요한 동물들에게 많이 써.

■ **관찰하기 좋은 유리 테라리움**
유리로 된 사육장이라 동물을 관찰하기 좋아. 유리이기 때문에 무게가 무겁고 깨지는 데도 신경 써야 해서 잘 청소하고 관리해야 해.

■ **특별한 조건을 맞춰 주는 기능성 사육장**

온도나 습도처럼 사육자가 신경 쓸 부분들을 편리하게 맞춰 주는 기능성 사육장이야. 키우는 동물에 맞춰 사육장을 만들 수 있다는 장점이 있지. 하지만 기능이 고장나거나 이를 빨리 대처하지 못하면 사는 동물들이 위험해질 수 있어. 게다가 제대로 작동하는지 언제나 살펴봐야 해.

4 사육장 구조물

사육장은 코르크 보드·정글 바인·해먹·돌·물그릇·먹이 그릇 등을 넣어 꾸밀 수 있어. 이렇게 사육장을 꾸미면 탈피에도 도움이 되고, 사육장의 잘못된 구조에서 오는 병도 막을 수 있지.

물그릇 / 먹이 그릇 / 코르크 보드 / 해먹

5 보조 용품

핀셋 / 스네이크 후크 / 온도계 / 습도계

핀셋은 손으로 잡기 힘든 먹이나 배설물 등을 집을 때 편리해. 또 탈피를 못 하는 동물들을 도울 때 쓰기도 해. 스네이크 후크는 뱀을 키울 때 필요해. 사납고 공격성이 강한 뱀들은 사육자와 뱀 머리의 간격을 멀리해서 안전하게 뱀을 다룰 수 있게 해 주거든. 온도계와 습도계는 보조 용품이지만 거의 사육 필수품이라고 볼 수 있어. 동물에게 딱 맞는 온도와 습도를 확인할 수 있기 때문이야. 이 외에도 사육자의 손을 보호하는 핸들링 장갑, 파충류의 성별을 구분할 수 있게 해 주는 돋보기 등이 있어.

6 조명

파충류나 양서류, 절지류는 관상용으로 많이 기르는 동물들이야. 이들을 잘 관찰할 수 있게 해 주는 물품이 조명이야. 우리가 햇빛을 받으면서 여러 영양소를 합성하듯이 동물들도 성장과 건강에 햇빛이 필요해. 조명은 동물들의 건강한 성장을 도와줘. UVB 램프는 파장을 주어서 동물의 성장이나, 위생에 도움을 줘. 고온에서 살아가는 동물들을 위한 열전구도 있어. 때에 따라서 자동 온도 조절 장치와 함께 쓰기도 해. 사육장 안의 온도를 높일 때 도움을 주거든.

7 사료와 영양제

많은 사람이 파충류나 양서류, 절지류처럼 희귀한 동물을 키울 때 무엇을 먹이로 줄지 많이 고민해. 살아 있는 먹이를 먹여야 하는 경우가 많기 때문이지. 요즘에는 사료로 먹이 개발이 이루어져서 걱정할 필요 없어. 특히 크레스티드게코에게 먹이는 '슈퍼푸드'가 주목받고 있지. 물과 섞어서 원하는 농도를 맞춰 주는 먹이야. 슈퍼푸드 외에도 젤리 형태의 사료, 물에 담갔다가 먹이는 고체 사료 등, 여러 파충류와 양서류를 위한 사료들이 나오고 있어.

희귀 동물류를 키울 때는 자연에서처럼 다양한 먹이를 먹기 어려워. 영양소를 골고루 섭취하기도 쉽지 않지. 이를 보충해 주기 위해서 가루 비타민제나 칼슘제도 나오고 있어. 사료와 섞어서 주거나, 먹이 곤충에 묻혀서 줘. 여러분이 키울 동물들의 성장과 건강을 생각한다면 신경 써야 하는 부분이야.

브리더가 궁금해요!

수많은 직업 가운데 '브리더(Breeder)'라는 직업을 들어본 적 있나요? 반려동물을 키우며 가족처럼 지내는 사람들이 많아지면서 동물과 관련 있는 직업도 많이 관심을 받고 있어요. 브리더들의 노력 덕분에 멸종 직전으로 알려졌던 동물들이 사람들에게 알려지기도 했답니다. 여러 동물이 알려지면서 생명의 인식도 바뀌었고요. 그럼 지금부터 '브리더'라는 직업이 무엇인지, 무슨 일을 하는지 더 자세히 살펴볼게요.

Q 01 브리더가 뭐예요?

'브리더(Breeder)'는 동물들의 습성과 생태 지식을 갖추고 있는 직업이에요. 또 동물들이 더 좋은 특성을 지니게 하고 관리하는 일을 하죠. 동물을 더 새롭고 좋은 품종으로 만들어 사람들에게 소개하기도 하고요. 기본적으로 브리더는 생명을 사랑하지 않으면 될 수 없어요. 키우는 생물군의 이름을 붙여 '파충류 전문 브리더, 곤충 전문 브리더'라고 부르기도 해요.

Q 02 브리더는 무슨 일을 해요?

브리더가 하는 일을 자세히 살펴보기 전, 여러분이 꼭 알았으면 하는 브리딩의 뜻을 먼저 자세하게 나누고 싶어요.

'브리딩(Breeding)'이라는 말에 '동물 사육 또는 번식'이라는 뜻이 담겨 있어요. 말(Horse)을 길러 더 좋고 빠른 품종을 만들어 낸다는 전문 용어로 주로 쓰이고 있죠. 이런 예로 볼 때 "키운다."라는 단순함 그 이상을 담고 있다는 뜻이에요. 브리딩은 보통 사육과 달리 '동물의 가치를 높여 더 좋은 품종으로 길러 보급하는 일'이라는 뜻으로 이해하면 어떨까요? 이런 뜻을 바탕으로 브리더가 하는 일을 살펴볼게요.

1. 새로운 품종으로의 교배

2. 아픈 동물들의 가벼운 케어

3. 대중들에게 동물 지식 소개(상담)

4. 번식한 동물들의 분양

Q 03 브리더는 어떤 능력이 있어야 할까요?

사람들에게는 정확한 동물 관련 지식이 전해져야 해요. 그만큼 브리더에게도 전문성이 있어야 하죠. 그렇다면 브리더는 어떤 능력을 갖춰야 할까요?

1. 전문 지식
동물은 기본적인 지식만으로 접근해서는 안 되는 '생명'이에요. 알면 알수록 깊이 있게 접근해야 하죠. 브리더에게 있어서 동물 공부는 거를 수 없는 부분이에요. 동물 관련 지식은 바뀔 수도 있고 새로운 내용이 더해질 수도 있거든요. 또 많은 사람에게 소개할 때 올바르지 않은 지식은 독이 될 수 있어요. 이를 위해서라도 동물의 전문 지식은 꼭 필요한 능력이랍니다.

2. 책임감
동물들은 관리나 관심이 부족하면 병이 생기거나 죽고 말아요. 따라서 깊은 관심을 가지고 책임감 있게 관리해 줘야 해요.

3. 끈기
데려온 동물을 나중에 버렸다는 안타까운 뉴스를 본 적 있죠? 동물은 가벼운 마음으로 쉽게 데려오고 버릴 수 있는 존재가 아니에요. 바로 존중해야 할 '생명'이기 때문이에요. 브리더가 될 때도 쉽게 생각하고 끈기 없이 포기하는 일은 없어야 해요.

4. 꼼꼼한 관찰력
동물을 관리할 때 작은 것 하나 빠트리지 않는 '꼼꼼함', 허투루 넘기지 않는 '관찰력'도 필요해요. 아주 미묘하게 달라진 반응은 동물이 아프다는 신호일 수 있어요. 대충 보고 지나갔지만 실은 아주 위험한 상황일 수 있죠. 관리하는 동물이 평소와 다르지는 않은지, 다르다면 어떤 곳이 어떻게 다른지 등. 큰 것은 물론 작은 것 하나하나까지 두루 살피며 꼼꼼하게 관찰해야 한답니다. 동물들은 사람의 말을 할 수 없으니까요.

Q 05 브리더는 왜 필요할까요?

반려동물이 점점 늘어나면서 사람들은 다양한 동물을 키우고 있어요. 가장 흔하게 키우는 개나 고양이부터 물고기는 물론 거미나 뱀처럼 희귀한 동물들도 키우는 사람들이 늘어났어요. 희귀한 동물일수록 정보가 많이 알려지지 않았기에 브리더의 능력이 더욱 필요하답니다. 동물 전문성을 두루 갖춘 브리더를 통해서 새 품종과 관련 지식이 늘어나면 동물들을 존중하며 키울 수 있어요.

사육 용어 소개

기타

DIY 기성 제품 대신 사용자 스스로 만든 용품.

ㄱ

그레이드(Grade) 등급.

ㄴ

노멀(Normal) 야생의 원래 종.

ㄷ

데코레이션(Decoration) "꾸미다."의 뜻이 있다. 동물을 키울 때 야생과 비슷하게 꾸미는 일.

ㄹ

레이아웃(Layout) 사육장 안에 알맞은 물품들을 보기 좋게 놓는 일.

ㅁ

메이팅(Mating) 짝짓기.
모프(Morph) 한 종류에서 다양하게 만든 새 품종.

ㅂ

브리더(Breeder) 특정한 종의 번식이나 품종 개량을 전문적으로 하는 사람.
브리딩(Breeding) 동물의 번식 행위.
블러핑(Bluffing) 수컷 도마뱀이 목을 부풀리며 머리를 위아래로 흔드는 행동. 주로 수컷이 암컷에게 힘을 뽐내거나 같은 수컷을 위협할 때 한다.
비바리움(Vivarium) 테라리움에 흙과 식물 등을 놓고 도마뱀·개구리·거북 등 작은 동물을 넣어 기르는 사육장.

ㅅ

사이테스(Convention on International Trade in Endangered Species of Wild Fauna and Flora : CITES) 야생 동식물 국제 거래 협약.
성적 성숙 동물이 새끼를 낳을 만큼 성숙한 것.
스탠다드(Standard) 표준 기준으로 종의 고유 특징이 잘 나타난 것.

ㅇ

아종 종을 다시 구별한 생물의 분류 단위. 전혀 다른 종으로 볼 만큼 차이는 없으나 생김새에 분명한 차이점이 있고 다른 장소에서 서식하는 비슷한 종.
알비노(Albino) 몸의 멜라닌(흑갈색 색소)이 없어 원래의 종과 달리 색상이 노랗거나 흰색을 띠며 홍채가 붉은 특징이 있다.
어덜트(Adult) 다 자라서 번식할 수 있는 개체.
에그 바인딩(Egg Binding) 암컷이 산란하지 못하여 산도가 막히는 증상
오버 피딩(Over Feeding) 사육자가 동물에게 먹이를 과하게 주는 것.
은신처 동물이 몸을 숨기고 쉴 수 있는 곳.

ㅈ

주베나일(Juvenile) 청소년기에 해당하는 성장기에 있는 개체.

ㅋ

코르크 보드 코르크나무의 껍질을 벗긴 판. 파충류를 키울 때 은신처로 쓰인다.
쿨링(Cooling) 계절에 따른 온도 변화가 있는 곳에서 서식하는 종을 키울 때 사육 온도를 낮춰 자연 상태를 재연하는 것.

ㅌ

테라리움(Terrarium) 라틴어의 Terra(흙)와 Arium(방)이 더해진 말. 여기에 동물을 기르는 환경에 치중하여 꾸미면 '비바리움'이라 부른다.

ㅍ

페어(Pair) 한 쌍.
포스 피딩(Force Feeding) 먹지 않는 동물에게 강제로 먹이를 주는 행위.
피딩(Feeding) 먹이를 주는 일.

ㅎ

핫 스팟(Hot Spot) 일광욕 장소. 파충류 사육장 안의 일부 지역을 열원을 이용해 고온으로 설정한다.
해츨링(Hatchling) 부화한 지 얼마 되지 않은 어린 개체.
핸들링(Handling) 사육하는 동물을 손으로 만지고 다루는 행동.

도마뱀류는 어떤 동물인가요?

파충류에서 종류가 가장 많은 동물이에요. 약 3,000종이 있으며 대부분 열대나 아열대에 살아요. 이들은 땅에 살거나 굴을 파고 살거나 나무에 살기도 해요. 돌 아래나 강과 호수의 제방 또는 바다에 사는 종도 있어요.

1. 기어 다니는 네발

2. 발달한 후각

사냥에 많이 쓰는 후각은 먹이 찾기나 짝짓기 영역 확인에도 쓰인다!

3. 벽을 붙어 다닐 수 있는 발 주름

4. 위기에 빠지면 자르는 꼬리

※이 특징들은 모든 도마뱀류의 공통 특징은 아니에요.

도마뱀류는 어떻게 분류할까?

도마뱀류에는 여러 종류가 있어요. 여기에서는 대표적인 종류와 특징을 간략히 소개해요.

도마뱀과
약 1,500가지 종이 있는 스킨크(Skink)과예요. 목이 분명하게 발달하지 않았고 다리가 짧거나 아예 없어요. 땅을 파는 습성도 강해요.

아가마과
과시 행동이 큰 특징이에요. 목이나 피부에 달린 장식·돌기·가시 등을 펼쳐 몸을 부풀려서 상대를 위협하죠.

카멜레온과
튀어나온 두 눈이 360°로 돌고 두 갈래로 나뉜 발은 나뭇가지 등을 잡기에 좋아요. 몸의 색 변화도 큰 특징이랍니다.

장지뱀과
몸길이 약 25cm 미만의 도마뱀들이에요. 눈꺼풀과 가늘고 긴 혀가 있어요.

도마뱀붙이과(게코과)
대체로 눈꺼풀이 없는 대신 투명한 비늘이 눈을 감싸고 있어요. 마음대로 벽에 붙을 수도 있어요.

왕도마뱀과
도마뱀 종류에서 몸집이 제일 커요. 목과 머리가 길고 몸길이가 약 3m까지 자라기도 해요.

이구아나과
대부분 꼬리가 길고 낮에 활동하는 도마뱀들이에요.

갑옷도마뱀과
몸을 보호하기 위해 갑옷처럼 딱딱한 비늘이 있고 대부분 메마르고 바위가 많은 지역에 살아요.

무족도마뱀과
대부분 다리가 퇴화한 도마뱀이에요.

도마뱀류의 몸을 관찰해 보자!

눈
눈꺼풀이 있는 종도 있고 없는 종도 있어요. 낮에 활동하는 도마뱀은 대부분 눈꺼풀이 있어요. 눈꺼풀이 없거나 밤에 활동하는 도마뱀은 고양이의 눈처럼 홍채가 세로로 길어요.

몸을 덮은 비늘
몸은 비늘로 덮여 있어요. 자라면서 딱딱해진 비늘을 탈피한답니다.

꼬리
몸길이와 거의 같거나 더 긴 꼬리는 적에게서 몸을 지키는 수단이에요. 스스로 꼬리를 끊고 도망가는 거예요. 꼬리 끊기는 최후에 쓰는 방법이에요. 끊어진 꼬리는 다시 자라지만 많은 에너지가 필요하기 때문이에요.

코와 입, 혀
후각은 시각과 함께 사냥에 가장 많이 쓰이는 감각 기관이에요. 하지만 미각은 크게 발달하지 않았어요. 도마뱀의 혀는 길게 쏠 수 있거나 뱀처럼 끝이 두 갈래로 나뉜 모양 등 다양해요.

다리와 발
ㄱ 자로 굽은 다리는 의외로 빨리 달릴 수 있어요. 발에는 자글자글하게 주름이 있어요. 눈에 보이지 않을 만큼 주름마다 털이 아주 작고 빽빽하게 나 있답니다. 털들은 납작하게 구부러져 있어서 발을 디딜 때마다 벽에 찰싹 붙어 있을 수 있어요.

뱀처럼 길쭉한 도마뱀은?

KEY 01
장지뱀을 닮은 외모!

KEY 02
몸통보다 3배나 더 긴 꼬리!

KEY 03
뱀인지 도마뱀인지 알쏭달쏭!

나는 인도와 중국을 비롯해 동남아시아의 여러 나라에 사는 도마뱀이야.
나는 뱀일까, 도마뱀일까? 내가 누구인지 한번 찾아볼래?

1
2
3
4

➔ 정답은 뒤에서 확인!

몸통보다 3배 더 긴 꼬리
롱테일그라스리자드
(여섯줄긴꼬리장지뱀)

이 름	롱테일그라스리자드 (Longtailed Grass Lizard)
학 명	*Takydromus sexlineatus*
몸길이	약 30cm
수 명	약 5년 전후
서식지	인도와 중국 및 동남아시아의 여러 나라
인기도	★★★★☆

➲ 정답은 4번

롱테일그라스리자드는 이름처럼 꼬리가 몸통보다 훨씬 길어요. 다 자랐을 때 전체 몸길이가 약 30cm 정도인데 꼬리 길이만 무려 15~20cm 이상이랍니다. 정말 놀랍지 않나요?
재빠르게 움직이는 모습을 보면 깜짝 놀랄지도 모르겠어요. 긴 꼬리 때문에 뱀이 구불거리며 기어 다닌다고 착각할 정도거든요.

이 도마뱀은 키우기도 쉽고 생김새도 귀여워서 많은 사랑을 받고 있어요. 롱테일그라스리자드는 움직임이 활발한 도마뱀이기도 해요. 꼬리가 한 번도 꼬이지 않고 여기저기를 재빠르게 움직이거든요. 일광욕도 좋아해서 여유롭게 빛을 즐기기도 한답니다.

롱테일그라스리자드 관찰 일지

키울 때 온도 약 25~32℃
키울 때 습도 약 50~80%
먹이 바닥을 기어 다니는 곤충

옆구리를 보면 암컷과 수컷을 구별할 수 있다! :
옆구리 무늬가 화려하다면 수컷,
밋밋하다면 암컷!

1. 움직이는 속도가 재빠르다!
2. 좁은 구멍으로 탈출을 잘한다!
3. 날렵한 몸통치고 먹성이 엄청나다!

와구 와구
쑤욱

 롱테일그라스리자드는 전체 몸길이에서 꼬리가 70%를 차지할 만큼 엄청 길어! 기다란 꼬리가 있지만 아주 재빠르게 움직이는 녀석이지. 온순한 롱테일그라스리자드는 사람을 무서워하지 않아. 사람이 손을 올려도 지나치게 경계하지 않거든. 무엇보다 이 녀석은 잘 관리해야 해. 조금만 방심하면 사육장의 자그만 구멍으로 잘 빠져나가거든! 또 활발하게 움직여서인지 날씬한 몸인데도 엄청난 먹성을 자랑하지. 자기 머리보다 더 큰 귀뚜라미도 잘 먹거든! 때로는 먹이를 두고 싸우는 일도 벌어져.

움직임이 가장 빠른 이구아나는?

KEY 01
나무나 돌에 있기를 좋아하는 동물!

KEY 02
검은색을 띠는 몸통 색!

KEY 03
머리부터 꼬리 위에 가시가 돋아 있는 몸!

나는 멕시코, 온두라스 같은 중남미의 나라에서 살고 있어.
나를 만나고 싶으면 기온이 높고 물가 근처의 초원이나 해안으로 와.
자, 그럼 내가 누군지 찾아볼래?

1

2

3

4

➲ 정답은 뒤에서 확인!

27

새끼 때와 전혀 다른 색의 이구아나
블랙스파니테일이구아나
(검은가시꼬리이구아나)

이 름	블랙스파니테일이구아나 (Black Spiny Tailed Iguana)
학 명	Ctenosaura similis
몸길이	수컷 약 1.3m / 암컷 약 0.8~1m
수 명	약 15년 이상
서식지	중남미
인기도	★★★☆☆

➲ 정답은 2번

28

스파니테일이구아나에는 18종이 있어요. 그 가운데 가장 크게 자라는 종이 '블랙스파니테일이구아나'예요! 이 이구아나는 검은색을 띠는 몸이 특징이에요. 하지만 태어났을 때부터 검은색은 아니었어요. 새끼 때는 초록색을 띠다가 자라면서 회색이나 검은색으로 바뀌거든요. 이 이구아나는 바위나 나무가 많은 곳을 좋아해요.

블랙스파니테일이구아나는 위험해지면 빠르게 움직여서 위기를 벗어날 수 있어요! 덕분에 세상에서 가장 빠른 이구아나 가운데 하나로 알려져 있죠. 이들은 작은 동물이나 곤충도 먹지만 주로 꽃과 잎 그리고 줄기와 과일을 먹어요. 나이가 들수록 더 초식성이 된답니다.

블랙스파니테일이구아나 관찰 일지

키울 때 온도 약 28~35°C
키울 때 습도 약 40~60%
먹이 잡식성

짝짓기는 봄에 이루어진다.
수컷이 암컷에게 머리를 꾀르거나 물거나 긁어서 구애한다!
암컷은 8~10주가 지난 뒤, 약 0.5m의 깊이로 굴을 파며 둥지를 만든다.
이곳에 약 15~25개의 알을 낳는다.
암컷은 한동안 둥지를 지킨다.
알은 약 90일 뒤에 부화!

2. 어릴 때와 다 자랐을 때 사는 곳이 다르다!
새끼 때는 나무!
다 자라면 땅!
1. 몸통이 노란색을 띠는 녀석을 만들기도 한다!
3. 자라면서 몸 색깔이 어둡게 바뀐다!

블랙스파니테일이구아나는 **교잡종**(계통·품종·성질 등이 다른 종끼리 교배하여 새로 생긴 품종.)이 많이 나타나. 현지에서 이 녀석을 키우는 사람들은 교배로 노란색을 많이 띠는 이구아나를 만든다고 해.
약한 새끼 때는 위험을 피해 나무에서 살다가 다 자란 뒤에 땅으로 내려와 살지. 몸은 머리부터 초록색을 잃어 가면서 몸통이 갈색으로, 또 검은색으로 색이 바뀌어. 시간이 지날수록 완벽하게 색이 바뀌는 모습을 관찰할 수 있어!

모래 파기를 좋아하는 도마뱀붙이는?

KEY 01
모래나 흙이 많은 곳에 사는 도마뱀!

KEY 02
구별하기 힘든 뛰어난 위장술!

KEY 03
고양이 눈이 매력적인 자그마한 도마뱀!

나는 북아프리카와 이스라엘에서 살아.
특히 마른 강바닥과 모래가 많은 곳을 좋아하지.
나를 닮은 도마뱀이 제법 많아서 위의 힌트로도 찾기는 쉽지 않을걸?

1

2

3

4

정답은 뒤에서 확인!

깜찍 발랄 모래 요정!
듄게코
(앤더슨짧은가락도마뱀붙이)

- **이 름**: 듄게코(Duned Gecko, Anderson's Short Fingered Gecko)
- **학 명**: Stenodactylus petrii
- **몸길이**: 약 8cm
- **수 명**: 약 6~10년
- **서식지**: 북아프리카, 이스라엘
- **인기도**: ★★★★★

○ 정답은 2번

32

듄게코는 사막에 있는 바위나 건물 아래에서도 발견되고 있어요. 이 도마뱀붙이는 다양한 종이 있답니다.

성격이 순한 듄게코는 다른 도마뱀류와 달리 벽을 잘 타지 못해요. 그래서 먹이를 기다리며 사냥해요. 하루 내내 모래를 파는 독특한 습성도 있고요. 주로 새벽에 모래를 판답니다. 모래가 펼쳐진 중동 지역의 바위틈이나 건물 아래에는 듄게코들이 우글우글 숨어 있어요. 모래 파기 명수인 듄게코들이 모여서 땅을 파면 건물이 무너져 내릴지도 몰라요!
듄게코는 어떻게 이렇게 모래를 잘 팔 수 있을까요? 그 비밀은 눈과 발가락에 있어요. 기다란 발가락으로 마구 모래를 파도 눈이 전혀 다치지 않거든요.

내리쬐는 햇볕을 받아 사막의 모래가 뜨거워지거나 경계할 때, 위험을 감지할 때 듄게코들은 우스꽝스러운 모습을 보여요. 네발로 몸통을 번쩍 들고 있거든요. 이 도마뱀붙이는 움직이는 작은 먹잇감을 사냥하는 실력도 아주 좋답니다.

듄게코 관찰 일지

키울 때 온도 `약 26~35℃`
키울 때 습도 `약 40%`
먹이 `바닥을 기는 작은 곤충`

짝짓기 때가 오면 암컷이 소리를 내서 수컷들을 부른다!
짝짓기에 성공한 암컷이 5월 말~6월 말, 만든 둥지에 알을 낳아서 지킨다.
`약 50~70일이 지난 뒤 부화!`

1. 몸통은 앙증맞게 작다!

3. 성적 성숙이 제법 빠른 편이다!

2. 마구 모래를 파도 막이 눈을 지켜 준다!

티팅

파바박!

이 녀석은 다 자랐을 때도 손바닥 안에 들어올 만큼 정말 작은 도마뱀붙이야. 갈색과 검은색 그리고 노란색이 섞인 무늬가 특징이지. 막으로 덮인 녀석들의 눈은 모래를 계속 파도 다치지 않아! 듄게코는 알에서 나온 뒤 약 7~9개월 정도 뒤에 성적으로 성숙해지는 도마뱀붙이이기도 해.

지독한 냄새를 뿜는 도마뱀은?

KEY 01
흰색 가루가 뿌려진 듯한 갈색 몸통!

KEY 02
나무를 좋아하는 도마뱀!

KEY 03
세로로 찢어진 고양이 눈!

나는 호주의 남쪽에서는 건조한 곳, 북쪽에서는 습한 곳에 사는 도마뱀이야!
덤불과 삼림 지대, 목초지에서 나를 만날 수 있어!
얼마나 냄새나게 생겼는지 궁금하지 않아? 아래에서 나는 누구일 것 같아?

1

2

3

4

➲ 정답은 뒤에서 확인!

도마뱀붙이계의 스컹크!
스파니테일게코
(가시꼬리도마뱀붙이)

이 름	스파니테일게코(Spiny Tailed Gecko)
학 명	Strophurus ciliaris
몸길이	평균 약 8~13cm
수 명	약 8년 이상
서식지	호주
인기도	★★★★★

➲ 정답은 3번

스파니테일게코는 종만 무려 20개가 있고 아종도 다양한 도마뱀이에요. 지역마다 생김새나 특성이 조금씩 다르고 종마다 색깔·비늘의 유무·크기와 생김새 등도 달라요. 스파니테일게코는 위험을 느끼면 꼬리에서 고약한 냄새가 나는 벌꿀색 액체를 쏘아요. 아주 끔찍한 냄새라서 쉽게 다가갈 엄두가 나지 않을 정도랍니다.

이 액체는 공기와 닿으면 마르는 특징이 있어요. 덤불에 내려앉아 자신을 잡아먹으려는 새를 쫓기 위해 쓴대요. 낮보다 밤에 활동하는 스파니테일게코는 번식기 때 상대를 찾아 땅으로 내려오기도 해요.

가시 달린 꼬리가 귀여운 도마뱀은?

KEY 01

같은 종에서는 제일 작은 크기!

KEY 02

가시 달린 뭉툭하고 짧은 꼬리!

KEY 03

올록볼록 오동통한 몸통!

나는 아라비아 해안의 돌이 많은 모래 지역에 살아!
예멘을 빼고 오만 같은 나라의 사막이나 반만 사막인 곳에서도 살고 있지.
오만의 마리쉬섬 해안 지역에서도 날 만날 수 있어.
이렇게 메마른 곳에 사는 난 누구일까?

1

2

3

4

➡ 정답은 뒤에서 확인!

짧고 오동통해서 귀여운
유로매스틱스토마시
(오만가시꼬리도마뱀)

이 름	유로매스틱스토마시(Omani Spiny Tailed Lizard)
학 명	*Uromastyx thomasi*
몸길이	약 25cm 이하
수 명	약 20년 이상
서식지	오만의 마리쉬섬 해안 지역, 아라비아 해안
인기도	★★★★

➲ 정답은 1번

유로매스틱스는 일명 '가시꼬리도마뱀'이라고도 불리는 종이에요. '꼬리'를 뜻하는 그리스 말 'Mastigo'와 채찍을 뜻하는 '오우라'에서 온 이름이죠. 유로매스틱스에는 여러 가지 종이 있어요. 우리나라에 수입되는 종은 '니제르·오네이트·이집티안·말리' 등이 있답니다. 어떻게 생겼는지 함께 살펴볼까요?

니제르

오네이트

앞서 소개한 유로매스틱스 종들이 얼마나 커다란지 알겠지요? 유로매스틱스토마시는 이들과 다르게 작고 귀여운 종이에요. 또 짧은 꼬리가 매력적이죠.
이 도마뱀은 낮에 활발하게 움직인답니다. 열심히 움직여서 땅에 깊이 굴을 파고 뜨거운 낮의 더위와 밤의 추위를 피해 생활하는 거예요.

유로매스틱스토마시 관찰 일지

키울 때 온도 **약 30~40℃**
키울 때 습도 **약 20~30%**
먹이 **거친 잎, 채소**
알에 있을 때 온도에 따라 성별이 정해진다.

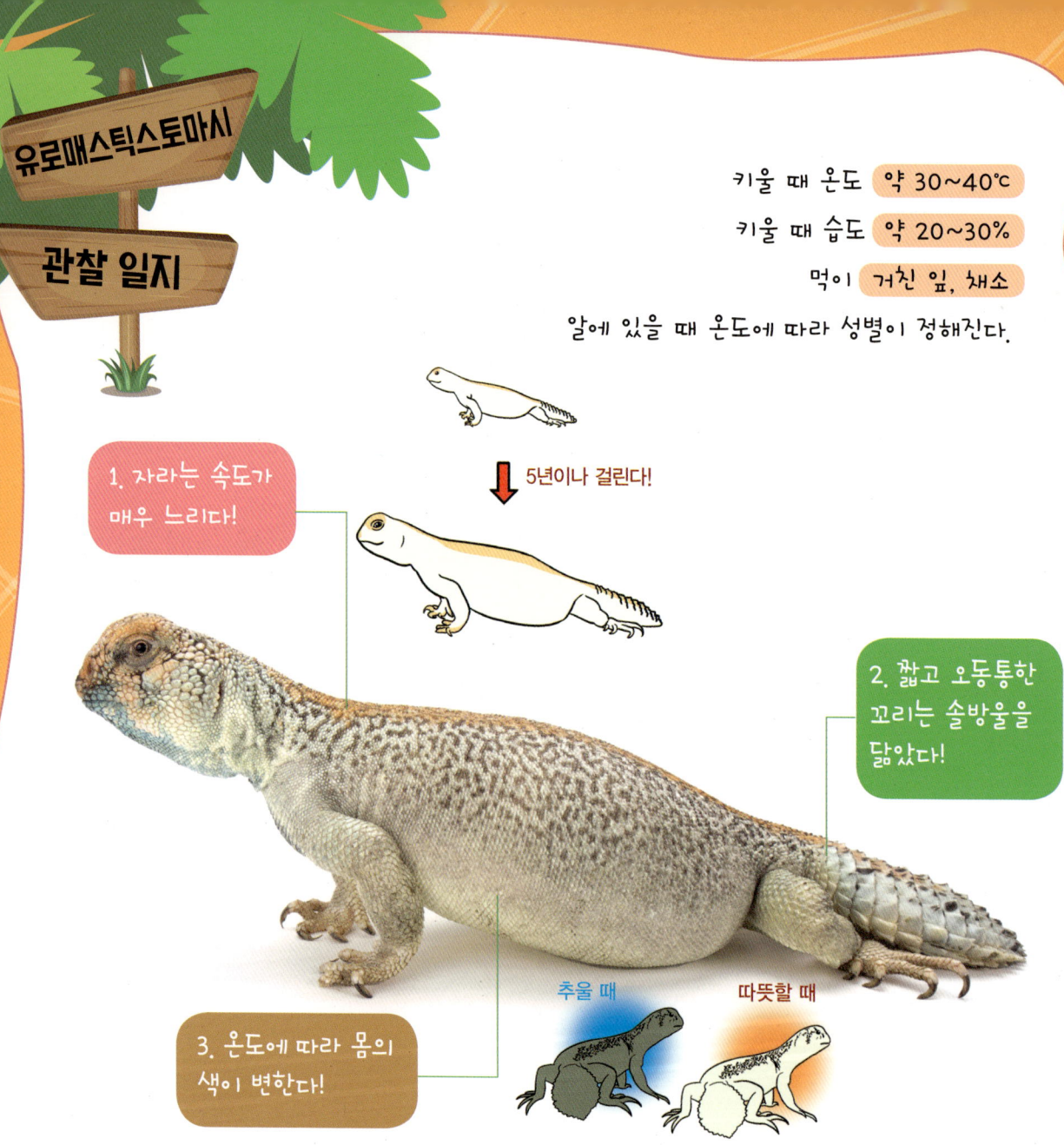

5년이나 걸린다!

1. 자라는 속도가 매우 느리다!

2. 짧고 오동통한 꼬리는 솔방울을 닮았다!

추울 때   따뜻할 때

3. 온도에 따라 몸의 색이 변한다!

유로매스틱스토마시는 자라는 속도가 매우 느린 도마뱀이야. 다 자라기까지 보통 약 4~5년이 걸리거든! 이 기간이 지나도 성적으로 성숙해지지 않은 경우도 제법 많아. 등에는 점 모양의 무늬와 주황색 줄무늬가 척추를 따라서 이어져 있어. 보통 갈색 몸통, 하얀색 배에 가로 줄무늬 6개가 가장 흔한 모습이야. 이 무늬는 완전히 자라면서 더욱 진해진다고 해. 짧고 뭉툭한 꼬리는 솔방울을 닮았고 땅을 파기에 알맞은 팔과 다리, 발톱이 있어. 이 녀석은 온도에 따라 몸의 색이 바뀌기도 해. 추운 날에는 어두운색, 따뜻한 날이나 일광욕을 할 때는 밝은색을 띠거든. 일광욕을 좋아해서 겨울 같은 날에는 햇빛을 잘 흡수할 수 있는 검은색을 띠어.

머리에 헬멧을 쓴 도마뱀붙이는?

KEY 01
헬멧을 쓴 것처럼 보이는 머리!

KEY 02
옅은 갈색에 짙은 갈색 무늬가 있는 몸통!

KEY 03
밤에도 생생하게 볼 수 있는 고양이 눈!

나는 세네갈, 모리타니 등 아프리카의 북쪽 해안 지대와 바위가 많은 사막에서 사는 도마뱀붙이야. 메마른 암석 지역에서 나를 만날 수 있어. 자그만 밤의 요정인 나는 누구일까?

1

2

3

4

↪ 정답은 뒤에서 확인!

어두운 밤에 활발하게 움직이는
헬멧티드게코

이름	헬멧티드게코(Helmeted Gecko)
학명	Tarentola chazaliae
몸길이	약 10cm
수명	약 15년
서식지	아프리카 북부
인기도	★★★★

➲ 정답은 4번

'뚝배기게코'라고도 불리는 헬멧티드게코는 머리에 헬멧을 쓴 것처럼 보여서 이런 이름이 붙었어요. 야생에서는 다양한 색과 무늬를 보호색으로 쓰고 있어요. 커다란 머리의 이 도마뱀붙이는 낮에는 바위 아래에서 은신처를 찾다가 어두워지는 밤에 활발히 움직인답니다. 밤에 볼 수 있는 **색각**(색을 구별하는 감각.)이 사람보다 약 350배 이상 뛰어나기 때문이에요! 오늘날에는 그 수가 점점 줄고 있어서 **IUCN**(전 세계의 자원과 자연을 보호하고자 유엔에 지원을 받아 1948년에 설립된 국제 기구.)에서 '취약종'으로 지정해 보호하고 있어요. 이 도마뱀붙이는 태어나서 6개월 뒤부터 번식할 수 있어요! 보통 1~2개의 알을 3~4주 간격으로 낳는답니다.

데이게코 종류에서 제일 큰 도마뱀붙이는?

KEY 01

초롱초롱
순하고 맑은
눈망울!

KEY 02

색깔이 고운
에메랄드색
몸통!

KEY 03

몸에 있는
주황색 무늬!

나는 마다가스카르 북쪽의 덥고 습한 열대에 주로 사는 도마뱀붙이야.
마다가스카르 열대 지역 외에 몇몇 아열대 지역에도 살고 있지.
딱 봐도 순하게 생긴 나는 이 가운데 누굴까?

1

2

3

4

➲ 정답은 뒤에서 확인!

초록색 몸통이 눈길을 사로잡는
자이언트데이게코
(큰낮도마뱀붙이)

이 름	자이언트데이게코(Giant Day Gecko)
학 명	*Phelsuma grandis*
몸길이	약 30cm
수 명	약 6~8년
서식지	마다가스카르 북쪽
인기도	★★★☆☆

➲ 정답은 3번

데이게코에는 약 70개 이상의 종이 있어요. 데이게코 종류 가운데 가장 몸집이 커서 '자이언트'라는 말이 이름에 붙었어요. 크기 때문에 '거대마다가스카르도마뱀'이라고도 불려요. 열대 지역뿐만 아니라 사람이 사는 집 주변의 오두막 등에서도 볼 수 있어요.

데이게코 종류에서는 이렇게 덩치가 커도 움직이는 속도가 정말 빠르답니다! '초록 섬광'이라는 별명이 붙을 만큼 엄청난 속도로 먹이를 낚아채 가거든요! 또 사육자들 사이에서 탈출을 잘하는 도마뱀붙이로 알려져 있죠. 야생에서는 주로 곤충을 먹고 과일이나 꽃가루 또는 꿀을 먹기도 해요. 종종 도마뱀을 먹기도 하고요.

야생에서는 뿔매미와 공생하기도 해요. 뿔매미가 내뿜는 분비물을 자이언트데이게코가 좋아하기 때문이에요. 뿔매미는 자이언트데이게코에게 분비물을 주고 보호를 받는답니다.

자이언트데이게코

관찰 일지

키울 때 온도 　약 27~30℃
키울 때 습도 　약 50~70%가 적절
먹이 　작은 벌레·도마뱀·과일 등
번식기인 12월~6월이 오면 특이한
번식 특징을 보인다! : 마음에 들지 않는 수컷이
구애하면 짙게 색을 바꾸는 암컷!
수컷은 암컷을 깨무는 듯한 행동으로 구애한다! :
이때 심하게 구애한다면 암수를 분리!
알은 약 48~80일이 지나고 부화한다!

1. 데이게코에서 제일 큰 몸만큼 꼬리도 길다!

3. 눈에는 눈꺼풀이 없다!

2. 먹을 때도 경계를 늦추지 않을 만큼 예민하다!

자이언트데이게코는 몸통의 반이 꼬리일 만큼 꼬리가 긴 도마뱀붙이야. 초록색 몸통에, 눈에서 콧구멍까지 이어지는 주황색 줄무늬가 굉장히 두드러져 보여. 몸통의 무늬는 개체마다 달라. 대체로 새끼일 때 몸통 색이 진한 편이야. 성체로 자랄수록 색이 연해지면서 무늬가 사라지지. 다 자라고 나서도 남은 무늬는 죽을 때까지 사라지지 않는다고 해. 이 도마뱀붙이는 예민해서 먹이를 먹을 때 벽에 붙어서 먹는 모습을 볼 수 있어. 실제로 주위에서 어떤 소리가 나면 바로 경계하며 먹기를 멈춰. 이 녀석은 눈꺼풀이 없어서 눈을 깨끗하게 하려고 혀로 핥기도 해.

바스락~

다리가 없는 도마뱀은?

KEY 01
얼굴은 도마뱀, 몸통은 뱀!

KEY 02
생각보다 거칠거칠한 느낌의 피부!

KEY 03
사는 곳은 메마르고 바위가 많은 곳!

나는 동유럽 중부(북동쪽 이탈리아와 불가리아)와 남부 아시아, 코카서스산맥 지역에서 살고 있어. 건조하고 바위가 많은 곳에서 나를 볼 수 있다고! 뱀처럼 생긴 나는 누구일 것 같아?

1

2

3

4

➲ 정답은 뒤에서 확인!

다리가 없어 뱀을 닮은
레그리스리자드

이 름	레그리스리자드 (European Glass Lizard)
학 명	*Pseudopus apodus*
몸길이	약 85~100cm
수 명	약 12~20년
서식지	유럽의 발칸 반도, 카스피해
인기도	★☆☆☆☆

➲ 정답은 4번

레그리스리자드는 '유러피안글라스리자드'라고도 부르는 도마뱀이에요. 유럽에서 사는 무족 도마뱀 가운데 가장 큰 종이랍니다. 주로 바위가 많은 경사지에서 나타나며 새벽 무렵에 활발하게 움직여요.

다리가 없는 이 도마뱀은 뱀과 비슷하게 생겼어요. 뱀과 다른 점이라면 눈꺼풀과 귓구멍, 배에 비늘이 있다는 점이에요. 퇴화한 다리를 보완하려고 몸통과 가죽이 튼튼해요. 옆구리에는 작은 비늘로 구성된 주름들이 있어요. 성체가 되면 흙빛으로 바뀌며 머리 쪽이 가장 밝아진답니다. 비가 올 때 돌 틈에 숨어 있다가 비가 그치고 나온 달팽이 등을 사냥해서 먹어요.

레그리스리자드도 위험에 빠지면 꼬리를 자를 수 있어요. 뱀을 닮아서 오해받는 이 도마뱀은 해충을 잡아먹는 이로운 동물이기도 해요. 생태계에서 중요한 위치에 있지만 사람들이 사는 곳을 없애 버린 탓에 그 수가 줄어들어 버렸어요. 오늘날, **크림 반도**(우크라이나 남쪽에 있는 반도.)에서는 이 도마뱀을 보호종으로 지정했답니다.

레그리스리자드 관찰 일지

키울 때 온도 `약 26~32℃`
키울 때 습도 `약 50%가 적절`
먹이 `달팽이·작은 벌레·포유류·새 등`
동면 기간은 10~11월, 번식기는 봄(3~4월)이다. :
`겨울잠에서 깨어나 바로 짝짓기!`
`암컷은 약 10주의 임신 기간을 거쳐`
`바위 아래에 약 6~12개의 알을 낳는다!`
다른 도마뱀들과 다르게 암컷이 알을 품는다! :
`부화는 약 60일 뒤!`

1. 몸통에 다리가 있던 흔적이 있다!
2. 자른 꼬리는 위기 상황에 미끼가 된다!
3. 암컷과 수컷을 구별하기 쉽지 않다!

언제 도망친 거야!

레그리스리자드는 몸의 반 정도를 차지할 만큼 꼬리가 길어! 뱀을 닮은 이 녀석에게 처음부터 다리가 없었던 것은 아니야. 그 증거로 **총배설강**(배설기와 생식기를 겸하는 구멍.)을 자세히 보면 작은 뒷다리의 흔적인 다리뼈 2개가 있는 레그리스리자드가 있거든. 이 도마뱀은 위험해지면 꼬리를 자르고 도망간다고 했지? 자른 꼬리는 제법 오래 꿈틀거려서 적을 헷갈리게 해. 그 틈을 타 도망치는 거지. 레그리스리자드는 생김새로만 암컷과 수컷을 구분하기 힘든 종으로 유명해.

턱수염이 달린 도마뱀은?

KEY 01 — 수염처럼 늘어진 가시 같은 비늘!

KEY 02 — 약간 튀어나온 눈!

KEY 03 — 노르스름한 주황색의 몸통 색!

나는 호주의 사바나 지역에 사는 도마뱀이야.
전 세계에서 나를 애완용으로 많이 기르고 있다며?
목과 턱 주변에 무언가 있는 도마뱀 친구들 가운데 나를 한번 찾아봐!

1

2

3

4

➜ 정답은 뒤에서 확인!

가시 같은 수염이 턱에?!
비어디드래곤
(턱수염드래곤)

이 름	비어디드래곤(Bearded Dragon)
학 명	*Pogona vitticeps*
몸길이	약 50~60cm
수 명	약 7~15년
서식지	호주
인기도	★★★★★

➡ 정답은 4번

가시 같은 비늘이 목 주위에 발달해 '턱수염도마뱀'이라고도 불려요. 오늘날, 세계 여러 나라에 퍼져 있는 비어디드래곤은 1970년대 **밀반출**(물건 등을 바깥으로 몰래 내가다.)한 도마뱀에서 번식해 유통되었어요. 호주 현지에서는 야생 비어디드래곤의 유출은 불법이에요.

이 도마뱀은 수컷들끼리 영역 다툼이 심하답니다. 낯선 수컷이 영역에 침입하면 원래 영역의 수컷은 필사적으로 싸워서 쫓아내요.

비어디드래곤은 독특한 습성이 있어요. 바로 팔을 둥그렇게 휘젓는 행동이에요. 이 행동에는 '복종'의 의미가 있어요. 또 개체끼리 서열 인식에도 중요하다고 해요. 때때로 사람이 흔드는 손에도 팔을 흔들어 답하기도 해요.

비어디드래곤 관찰 일지

키울 때 온도 약 26~35℃
키울 때 습도 약 30%가 적절
먹이 벌레·작은 파충류·양서류·포유류·설치류·채소·과일 등

수컷은 암컷에게 힘을 뽐내는 행위를 한다. 암컷은 앞다리로 공중에 원을 그리며 서서히 팔을 흔들어 복종을 나타낸다. 짝짓기를 한 후 약 3~5주 뒤에 알을 낳는다. 부화는 약 70일!

1. 턱에는 턱수염이 달린 듯하다!
2. 수컷은 암컷을 여러 마리 거느린다!
3. 구애할 때도 허세가 넘친다!

구애의 춤! 두둠칫 두둠칫!

비어디드래곤은 새끼 때 암컷과 수컷을 구분하기 어렵지만 다 자라면 쉽게 구분할 수 있어! 수컷은 암컷보다 머리가 크고 폭이 넓으며 꼬리가 시작하는 부분이 양쪽으로 불룩해. 암컷은 그 부분이 밋밋하지. 수컷은 아래턱의 '쪽 수염'이라고 불리는 부분이 번식기에는 까매져! 이 녀석은 영역에서 암컷 여러 마리를 지배하는데 번식기에 특이한 행동을 해. 몸을 부풀리고 머리를 갑자기 끄덕이는, 허세 넘치는 행위로 암컷에게 구애하거든.

날개로 날아다니는 도마뱀은?

KEY 01
나방처럼 화려한 날개!

KEY 02
나무에 붙어 있으면 나무껍질 같은 위장색이 발동!

KEY 03
기어 다니지 않고 날아다니며 이동!

나는 남아시아와 동남아시아의 숲이나 정글 등에 사는 도마뱀이야.
때때로 고무 농장에서도 모습을 드러내지.
자, 이 가운데에서 나를 찾아보겠어?

1

2

3

4

➲ 정답은 뒤에서 확인!

55

이곳저곳 날아다닐 수 있는
플라잉리자드
(날도마뱀)

이 름	플라잉리자드 (Flying Lizard, Draco Lizard)
학 명	*Draco sp*
몸길이	약 20cm
수 명	알려지지 않음.
서식지	남아시아와 동남아시아
인기도	★☆☆☆☆

➲ 정답은 4번

플라잉리자드는 먹이를 잡거나 적을 피하기 위해 나무가 많은 곳에서 살아요. 동남아시아에는 플라잉리자드의 종이 무려 약 31종이나 있답니다. 그 수가 안정적이라서 다행히 멸종 위기에 처한 종은 없어요. 영문 이름에 있는 'Draco'는 라틴어로 '용'이라는 뜻이에요. 날아다니는 모습에서 이름이 유래했어요.
플라잉리자드의 몸 구조는 이름처럼 날기에 알맞답니다. 한번 살펴볼까요?

양옆으로 길게 빠져나온 갈비뼈는 날개의 막을 만들어요. 평평한 뒷다리는 갈비뼈와 함께 날개의 막을 이어 주고요. 머리는 날 때 균형을 잡아 줘요. 앞다리의 발은 날개를 움켜쥐고 펼 수 있도록 도와줘요. 길고 얇은 꼬리는 방향을 조종하며 약 58m의 높이까지 날 수 있게 해 줘요. 목의 덮개는 측면으로 확장되어 미니 날개처럼 수평 안정제 역할을 해요.

수컷은 나무 두세 그루 정도에 자신만의 영역이 있어요. 작은 몸집인데도 관리하는 영역이 참 많죠? 그렇다 보니 나무에서 잘 내려오지 않는데 번식기에도 나무에서 구애한답니다.

플라잉리자드는 밑의 날개가 파란색이면 수컷, 노란색이면 암컷이야. 암컷과 수컷 모두 목 아래에 '이슬랍'이라는 피부 덮개가 있지. 피부 주름은 수컷이 밝은 노란색, 암컷이 푸르스름한 회색이야. 이 녀석은 자신의 영역에 침범한 라이벌을 쫓아낼 때도 이리저리 활공해. 활공을 도와주는 날개는 암컷을 유혹할 때도 쓰이지. 수컷이 화려한 날개를 보여 주면서 몸을 위아래로 흔들며 구애하거든.

전설 속 괴물을 닮은 도마뱀붙이는?

KEY 01
부서지지 않는 괴물 가고일을 닮은 머리의 혹!

KEY 02
울퉁불퉁 돌처럼 거친 피부!

KEY 03
고양이 눈처럼 세로로 찢어진 야행성 눈!

나는 뉴칼레도니아섬의 가장 남쪽에서만 사는 도마뱀붙이야.
사람들은 울퉁불퉁 거칠게 생겼어도 귀여운 내 모습을 좋아한다고!
자, 이 가운데 전설의 괴물을 닮은 나는 누구일까?

1

2

3

4

➡ 정답은 뒤에서 확인!

59

괴물을 닮았지만 귀여워!
가고일게코
(가고일도마뱀붙이)

이 름	가고일게코(Gargoyle Gecko)
학 명	Rhacodactylus auriculatus
몸길이	약 20cm
수 명	약 10~20년
서식지	뉴칼레도니아 최남단
인기도	★★★★★

➲ 정답은 4번

가고일게코는 뉴칼레도니아에 사는 다른 게코들처럼 서식지에서 숫자가 많이 줄고 있어요. 멸종 위기에 처해 있어서 수출에 제한이 있죠. 뿔처럼 보이는 머리의 혹이 전설 속의 가고일을 닮아서 '가고일게코'라는 이름이 붙었답니다. 작은 패드가 있는 발바닥의 발톱으로 덩굴, 가지 등을 잘 잡을 수 있어요. 하지만 가파른 표면이나 유리에는 잘 붙지 못해요. 이 밖에 자기 몸의 3배에 달하는 거리를 점프할 수도 있답니다.

눈꺼풀이 없는 가고일게코는 혓바닥으로 눈을 핥아서 습기를 유지해요. 이 도마뱀붙이는 세로로 긴 타원형 눈동자의 주위가 지그재그 선으로 엉킨 고양이 눈을 하고 있어요. 이는 밤에 활동하기에 아주 좋은 눈이에요.

아르마딜로를 닮은 도마뱀은?

KEY 01 — 몸을 마는 아르마딜로를 닮은 도마뱀!

KEY 02 — 짙은 황갈색과 검은색이 섞인 몸!

KEY 03 — 울퉁불퉁 뾰족뾰족한 가시로 덮인 듯한 몸통!

나는 남아프리카 북쪽과 서쪽 케이프 지방에서 사는 도마뱀이야.
메마른 암석 지대나 산의 경사진 부분에서 나를 만날 수 있어.
딱딱한 갑옷으로 몸을 지키는 난 여기에서 누구일까?

1

2

3

4

➡ 정답은 뒤에서 확인!

강한 턱 힘의 아르마딜로 도마뱀
거들테일리자드
(아르마딜로갑옷도마뱀)

이 름	거들테일리자드(Girdle Tailed Lizard, Armadillo Girdled Lizard)
학 명	Ouroborus cataphractus
몸길이	약 15~20cm
수 명	약 25년
서식지	남아프리카 북부, 서부 케이프 지방
인기도	★★★★

↪ 정답은 2번

거들테일리자드는 바위틈에서 살아가는 도마뱀이에요. 생김새가 몸을 동그랗게 마는 아르마딜로를 닮아서 이름에 '아르마딜로'가 붙었어요. 학명은 자신의 꼬리를 물고 있는 그리스 신화의 괴물 '우로보로스(꼬리를 삼키는 자)'에서 유래했답니다.

오늘날에는 수가 많이 줄어 남아프리카공화국에서 엄격하게 보호하고 있어요. 물론 유통할 수 있는 수도 굉장히 적고 CITES에도 올라 보호받고 있답니다. 이 도마뱀은 서로 의사소통하는 특징이 있어요. 집단생활을 해서 사회성이 높은 동물이기 때문이에요. 무리에서 싸움이 일어나면 정말 위험해지기도 해요. 강한 턱 힘으로 서로의 몸을 꽉 물어 공격하거든요!

거들테일리자드는 방어할 때 꼬리를 물고 몸을 둥글게 말아요. 정말 아르마딜로를 닮았죠? 이 모양으로 바위 지역을 빠르게 굴러 내려가 적에게서 몸을 지킨답니다.

거들테일리자드 관찰 일지

키울 때 온도 약 26~35℃
키울 때 습도 약 45~55%
먹이 곤충

1년에 한 번 알이 아닌 새끼를 낳는다! :
배 속에는 새끼가 반으로 접힌 상태!
새끼는 암컷의 배 속에서
반으로 접힌 채 약 4~6개월 동안 있다.

오늘 메뉴는 뭐라고?

1. 피부는 갑옷처럼 단단하다!
2. 단체 생활을 하며 의사소통한다!
3. 먹이를 주며 새끼를 기른다!

귀여운 내 새끼!

거들테일리자드는 탁한 노란빛과 회갈색을 띤 등, 암갈색과 황색이 일정하지 않게 반점으로 늘어진 배를 하고 있어. 위턱은 어두운색이야. 암컷과 수컷은 크기와 생김새가 똑같아서 구별하기가 힘든 종이기도 해. 수컷의 머리가 더 커서 머리 크기로 구분하지.

무리에서 생활하는 이 녀석은 혀를 날름거리거나 머리와 꼬리를 흔들며 동족과 의사소통하기도 해. 또 다른 도마뱀과 달리 암컷이 새끼를 낳은 뒤 먹이를 주어서 기른다는 점도 특이하지. 이는 도마뱀의 생태계에서 상당히 드문 일이거든!

수영을 잘하는 거대 도마뱀은?

KEY 01
공룡을 닮은 외모와 무시무시한 발톱!

KEY 02
갈라진 시퍼런 혀!

KEY 03
수영을 잘하는 날렵한 몸!

나는 수단이나 이집트의 나일강 지역에 사는 왕도마뱀이야. 아프리카에 사는 왕도마뱀에서 가장 큰 도마뱀이지. 가장 강해 보이는 왕도마뱀 가운데 나를 한번 찾아봐!

1

2

3

4

➲ 정답은 뒤에서 확인!

아프리카 왕도마뱀에서 제일 큰!
나일모니터
(나일왕도마뱀)

이 름	나일모니터(Nile Monitor)
학 명	*Varanus niloticus*
몸길이	약 20~160cm(최대 약 190cm)
수 명	약 10~20년
서식지	수단 및 중앙 이집트의 나일강 지역
인기도	★★★☆☆

◐ 정답은 3번

나일강 주변에서 자주 보이기 때문에 이름에 '나일'이 붙었어요. 나일모니터는 서서히 크게 자라는 왕도마뱀이에요. 커다란 몸집은 물론, 무시무시한 발톱과 뛰어난 지능이 있는 포식자 도마뱀이죠. 날카로운 발톱은 사냥하기에 좋고 굵은 꼬리와 길쭉한 등은 수영하기에 좋아요. 다른 왕도마뱀 종류와 마찬가지로 CITES 2등급에 들어가 있답니다.

이 왕도마뱀은 야생에서 주로 굴을 파면서 생활해요. 스스로 파 놓은 굴이 아니더라도 다른 굴이 있으면 들어가서 생활하기도 해요. 나일모니터는 크게 두 가지 종으로 나눌 수 있어요. 푸른 혀와 6~9개의 반점이 있는 종, 옅은 색의 혀와 3~5개의 반점이 있는 종이 있어요. 나일보니터의 혀는 먹이의 냄새나 흔적을 찾을 때 아주 중요하답니다.

나일모니터 관찰 일지

키울 때 온도   약 27~32℃
키울 때 습도   약 70~100%
먹이   물고기·알·벌레·설치류 등

3~4년이 지나야 성적으로 성숙해진다.
암컷은 부드러운 땅에 둥지를 파거나 흰개미 굴에 최대 60개 정도 알을 낳는다.
알들은 6~9개월의 부화기를 가진다.
알의 무게는 약 45~52g으로 무거운 편!

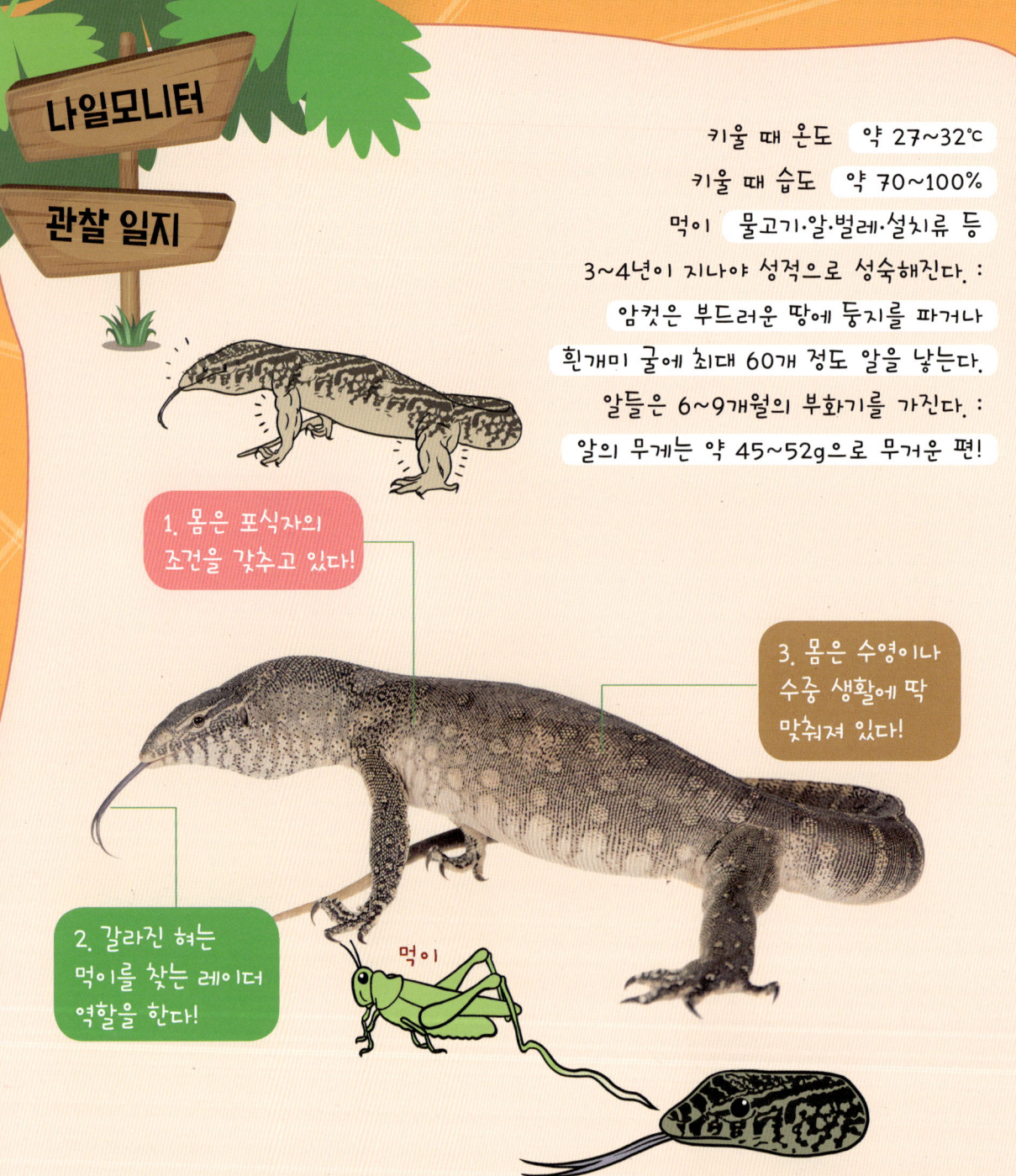

1. 몸은 포식자의 조건을 갖추고 있다!

2. 갈라진 혀는 먹이를 찾는 레이더 역할을 한다!

3. 몸은 수영이나 수중 생활에 딱 맞춰져 있다!

먹이

나일모니터의 몸은 완벽한 포식자 그 자체야. 굵은 다리와 근육질 몸으로 되어 있거든! 이빨은 한번 물면 먹이가 죽을 때까지 놓지 않아. 무시무시한 발톱은 바위나 나무에 기어오를 때 또는 굴을 파고 먹이를 잘게 찢기에 좋지. 이 녀석의 혀는 공기에서 먹잇감의 냄새를 쫓아 사냥할 수 있게 도와줘. 머리의 높은 곳에 있는 콧구멍은 수중 생활을 할 수 있게 해 주지.

게코 중에서 제일 큰 게코는?

KEY 01
머리부터 꼬리 끝까지 40cm 이상 되는 길이!

KEY 02
짧고 뭉툭한 꼬리!

KEY 03
짙은 갈색 몸통에 있는 크고 많은 무늬!

나는 뉴칼레도니아에 사는 커다란 도마뱀붙이야.
뉴칼레도니아 본섬의 동남쪽과 몇몇의 작은 섬에서 나를 볼 수 있어.
아래에서 커다란 게코라면 누구일 것 같아?

1

2

3

4

정답은 뒤에서 확인!

게코류의 왕!
리키에너스
(리치도마뱀붙이)

이 름	리키에너스(New Caledonian Giant Gecko)
학 명	Rhacodactylus leachianus
몸길이	약 35~40cm
수 명	약 20년 이상
서식지	뉴칼레도니아
인기도	★★★★★

● 정답은 1번

영국의 동물학자 '윌리엄 엘포 드 리치'에서 이름이 유래했어요. 이 도마뱀은 아종이 2개 있어요. 하나는 뉴칼레도니아의 주요 섬인 그랜드테라(Grande Terre)에 사는 그랜드테라자이언트게코(Grande Terre Giant Gecko), 또 하나는 그랜드 테라의 남쪽에 있는 파인섬(Pine Island)과 그 주위를 둘러싼 섬들의 헨켈의자이언트게코(Henkel's Giant Gecko)예요.

리키에너스는 게코 종류에서 제일 길고 큰 도마뱀붙이로 알려져 있답니다. 무거운 몸과 피부는 만져보면 독특한 느낌이에요. 짧고 뭉툭한 꼬리가 매력이죠. 위기에 빠지면 꼬리를 자를 수 있고 자른 꼬리는 다시 자라요. 피부는 회색·갈색·녹색이 섞여 있어요. 원주민들은 으르렁거리며 내는 큰 소리 때문에 '나무에 사는 악마'라 부르며 피한다고 해요. 이 소리가 사람에게서 영혼을 빼 간다는 믿음 때문이죠. 현지에서 수가 많이 줄어들어서 수출을 금지하고 있고 보호종으로 정해져 있어요.

손잡이처럼 생긴 꼬리의 도마뱀붙이는?

KEY 01
피부가 부드러운 종, 거칠거칠한 종!

KEY 02
고양이 눈을 가진 작은 도마뱀!

KEY 03
손잡이처럼 생긴 꼬리!

나는 호주에 사는 도마뱀붙이야. 덤불이나 모래 평야, 사구처럼 여러 곳에 나타나고 서식지와 지형을 가리지 않지. 자, 내가 누구인지 맞혀 볼래?

1

2

3

4

➡ 정답은 뒤에서 확인!

부드럽고 거칠거칠한 두 종류!
납테일게코
(혹꼬리도마뱀붙이)

이 름	납테일게코(Knob Tailed Gecko)
학 명	Nephrurus sp.
몸길이	약 8~10cm
수 명	약 15년
서식지	호주
인기도	★★★★★

● 정답은 4번

납테일게코는 위기에 빠지면 몸을 흔들거나 꼬리를 감는 모습을 보여 주거나 입을 벌려 공격하는 모습을 보여 줘요. 꼬리는 스스로 자를 수 있지만 전체를 잘라야 해서 주의해야 하죠. 피부 질감에 따라서 이름이 달라지는 도마뱀붙이이기도 해요. 거친 피부의 납테일게코는 'Rough', 부드러운 피부의 납테일게코는 'Smooth'로 이름이 달라지거든요. Rough는 대부분 Smooth보다 몸통 색이 어두워요. 작은 납테일게코는 같은 곳에 사는 다른 도마뱀들보다 더 낮은 온도에서도 버틸 수 있다는 강점이 있어요.

온몸이 가시투성이인 도마뱀은?

KEY 01
사막처럼 메마른 곳에 사는 주황색 도마뱀!

KEY 02
보호색 때문에 돌처럼 보이는 몸통!

KEY 03
뾰족뾰족 가시가 돋은 몸!

나는 미국의 사막 지대와 멕시코 서쪽에서 사는 도마뱀이야.
바위나 자갈이 많은 건조한 평야, 언덕에서 날 만날 수 있어.
내가 누구인지 알겠어? 한번 맞혀 보라고!

1

2

3

4

➲ 정답은 뒤에서 확인!

뾰족뾰족한 생김새가 매력!
데저트혼리자드
(사막뿔도마뱀)

이 름	데저트혼리자드(Desert Horned Lizard)
학 명	Phrynosoma platyrhinos
몸길이	약 12cm
수 명	약 5~8년
서식지	아메리카, 멕시코 서쪽
인기도	★★★★★

➲ 정답은 3번

오늘날 데저트혼리자드는 수가 줄어들고 있어요. 약 14종의 종류가 있는 이 도마뱀은 사람이 살 수 없는 온도에서 몇몇 종이 살기도 해요. 데저트혼리자드의 종류에는 위험에 빠지면 눈의 혈압을 급격히 올린 뒤 혈관을 터트려 피를 뿜어내는 종이 있는 것으로 유명해요. 내뿜은 피는 냄새가 심하니 주의해야 해요. 터진 눈의 혈관은 빠르게 재생한답니다. 데저트혼리자드는 야생에서 얇고 끈끈한 혀로 포름산 개미를 먹어요. 개미의 포름산이 데저트혼리자드의 위장 PH 농도(산성이나 알칼리성의 정도를 나타내는 수치.)를 조절해 주기 때문이에요.

먹성 좋은 파란 혀의 도마뱀은?

KEY 01 — 반들반들한 갈색 몸통!

KEY 02 — 웰시코기처럼 짧은 다리와 기다란 몸!

KEY 03 — 선명한 파란색 혀!

나는 호주와 인도네시아에 사는 도마뱀이야.
나의 긴 이름을 줄여서 'BTS'라고 부르는데 인간 세상에
내 이름과 똑같은 아주 유명한 가수가 있다며?
난 어떻게 생겼을지 한번 찾아봐!

1

2

3

4

➲ 정답은 뒤에서 확인!

75

도마뱀계의 귀여운 먹보!
블루텅스킨크
(푸른혀도마뱀)

이 름	블루텅스킨크 (Blue Tongued Skink)
학 명	*Tiliqua scincoides*
몸길이	약 30~40cm
수 명	약 15년 이상
서식지	호주, 인도네시아
인기도	★★★★★

➲ 정답은 3번

파란색 혀가 있어 이름에 '블루텅'이라는 말이 붙었어요. 블루텅스킨크는 호주의 블루텅스킨크와 인도네시아 블루텅스킨크가 가장 흔해요. 호주 블루텅스킨크는 인도네시아 블루텅스킨크보다 조금 더 크답니다. 인도네시아의 블루텅스킨크는 불그스름한 몸통에 무늬 없이 새카만 다리가 있어요. 이것이 둘을 구별하는 좋은 방법이에요.

이 도마뱀은 강해 보이는 외모와 달리 온순하고 겁이 많아요. 야생에서 위협을 받으면 쉿 소리를 내고 입을 벌려 새파란 혀를 흔든답니다. 이 새파란 혀를 보고 독이 있다고 생각한 상대를 위협해서 쫓아내려는 것이죠.

블루텅스킨크 관찰 일지

키울 때 온도 약 26~32℃
키울 때 습도 약 30~50%
먹이 곤충·과일·채소·고기 등
암컷과 수컷을 구분하기 힘들다.
주로 머리 크기와 체형으로 짐작!
짝짓기를 하면, 약 90~110일 뒤에 새끼가 태어난다!
새끼는 1~15마리!

바스락!

2. 잡식성이어서인지 변은 냄새가 심하다!

3. 좋은 먹성은 새끼도 위협한다!

난 독이 있다고! (사실은 거짓말)

1. 파란색 혀로 적에게 경고를 준다!

자연에서 알록달록한 색이나 파란색은 경쟁 상대나 적에게 위험하다는 경고 표시야. 블루텅스킨크의 파란색 혀도 비슷한 의미가 있지만 실제로 독은 없어! 무거운 몸과 짧은 다리, 큰 삼각형 머리에 강한 턱 근육이 있는 이 녀석은 가리지 않고 잘 먹어. 과일·애호박·귀뚜라미는 물론, 개나 고양이 사료도 먹는다고 해. 호주나 인도네시아에서는 도둑고양이처럼 쓰레기통을 뒤지기도 한대! 이렇게 먹성이 좋아서인지 새끼를 낳고 분리하지 않으면 새끼도 잡아먹고 말아!

위장술을 잘하는 악마의 도마뱀붙이는?

KEY 01
악마를 닮은 무서운 눈!

KEY 02
잎을 닮은 몸통 색!

KEY 03
나무와 있으면 찾기 힘든 대단한 위장술!

나는 마다가스카르 중부와 북동부 해안의 열대 우림에 사는 도마뱀붙이야.
내 특기인 위장술 때문에 날 찾기는 쉽지 않을걸?
내가 어떻게 생겼을지 생각해 보면서 날 찾아봐!

1

2

3

4

정답은 뒤에서 확인!

새빨간 악마의 눈, 위장술의 1인자
사타닉리프테일게코
(사탄잎꼬리도마뱀붙이)

이 름	사타닉리프테일게코 (Satanic Leaf Tailed Gecko)
학 명	Uroplatus phantasticus
몸길이	평균 약 12cm
수 명	약 10년 이상
서식지	마다가스카르 중부, 북동부 해안
인기도	★★★☆☆

➲ 정답은 2번

빨간 눈이 악마처럼 보이는 도마뱀붙이예요. '사탄'에서 따온 '사타닉'이라는 말이 이름에 붙었어요. 또 꼬리가 잎사귀를 닮아서 '리프테일'이라는 말도 붙었답니다. 옛날에는 쉽게 구할 수 있는 도마뱀이었지만 환경과 삼림이 파괴되면서 서식지가 많이 사라졌어요. 이 탓에 구하기 힘든 종이 되었고요. 오늘날에는 CITES 2등급에 올라 보호받고 있어요.

사타닉리프테일게코의 꼬리에는 자연에서 볼 수 있는 잎의 잎맥이나 이끼 자국이 나타나요. 이 도마뱀붙이는 포식자를 피하는 실력이 아주 뛰어나요. 자세히 들여다보지 않으면 모를 만큼 위장술이 완벽하거든요! 몸의 그림자까지 줄이려고 몸뚱이를 납작하게 해서 표면에 달라붙는답니다.

포식자를 놀라게 하려고 입을 크게 벌려서 새빨간 속을 드러내기도 해요.
야행성인 사타닉리프테일게코는 야생에서 어두운 밤에 귀뚜라미나 바퀴벌레 등을 잡아먹어요. 가끔 달팽이를 먹어서 부족한 영양소를 보충하기도 해요.

사타닉리프테일게코 관찰 일지

키울 때 온도 약 15~24℃
키울 때 습도 약 60~80%
먹이 작은 벌레

짝짓기가 끝난 암컷은 한 번에 알을 2개씩 약 30~45일마다 낳는다!

1. 뛰어난 위장술로 적을 속인다!
2. 짝짓기에서 독특한 행동을 보인다!
3. 알은 낙엽 아래를 들춰 보자!

사타닉리프테일게코는 독특한 외모로 뛰어난 위장술을 선보여. 잎사귀를 모방하는데 자세히 보지 않으면 나뭇잎인지 도마뱀인지 구별하기 힘들 정도야! 이 도마뱀붙이는 짝짓기 때도 특이한 행동을 보여 줘. 수컷이 암컷의 목을 물거나 암컷이 머리를 흔들거든. 무사히 짝짓기를 마치면 암컷은 알을 낳을 곳으로 낙엽 더미를 선택해! 낙엽 더미에 알을 낳은 암컷이 흔적을 지우기 위해 잎들을 덮어 버리기 때문에 알도 찾기가 힘들어.

물고기를 닮은 도마뱀은?

KEY 01

반드르르, 미끌미끌해 보이는 피부!

KEY 02

물고기처럼 비늘로 덮인 몸통!

KEY 03

구불구불 헤엄치는 주무대는 모래!

나는 동남아시아·사우디아라비아 동쪽·북아프리카에 사는 도마뱀이야.
사막 지대에서도 오아시스 주변처럼 물기가 있는 곳에서 날 찾을 수 있어.
내가 어떻게 생겼는지 감이 왔어?

1

2

3

4

➲ 정답은 뒤에서 확인!

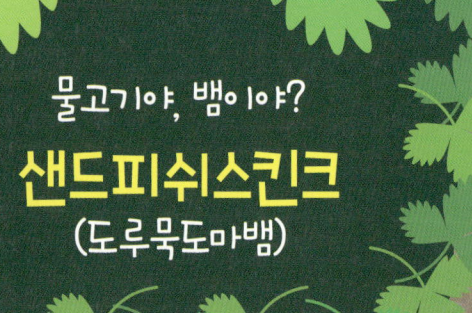

물고기야, 뱀이야?
샌드피쉬스킨크
(도루묵도마뱀)

이 름	샌드피쉬스킨크(Sandfish Skink)
학 명	Scincus scincus
몸길이	약 12~14cm
수 명	약 6~10년
서식지	동남아시아·사우디아라비아 동쪽·북아프리카
인기도	★★★★★

➲ 정답은 1번

모래 속에서 헤엄치는 모습이 물고기와 비슷해 '샌드피쉬스킨크'라는 이름이 붙었어요. 이 도마뱀은 위협이 느껴지면 모래를 파고 들어가며 재빠르게 도망쳐요. 자유형을 하듯이 다리를 휘저으면서 움직이죠. 이는 모래 속에서 움직일 때 마찰을 줄이려는 행동이에요. 몸을 왼쪽으로 구부리면 오른쪽의 모래 밀도가 낮아져서 오른쪽 앞다리를 앞으로 움직일 수 있어요. 이렇게 샌드피쉬스킨크는 모래에서 추진력을 얻어 움직일 수 있답니다.

모래 속을 헤엄치는 특성 때문에 샌드피쉬스킨크가 숨을 못 쉴까봐 걱정된다고요? 걱정하지 마세요! 이 도마뱀의 호흡기는 모래 입자가 안으로 들어가지 못하도록 만들어졌거든요! 조금이나마 들어간 모래는 재채기할 때 밖으로 나온답니다.

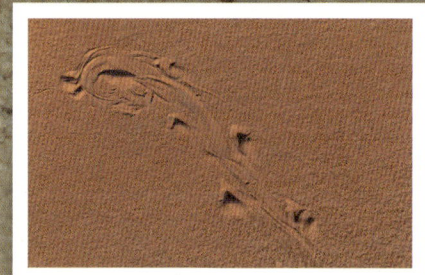

솔방울을 닮은 도마뱀은?

KEY 01
머리와 구분하기 힘들 만큼 뭉툭한 꼬리!

KEY 02
전체적으로 오동통한 솔방울 몸통!

KEY 03
붉은색이 아닌 파란색 혀!

나는 호주 남쪽과 서쪽의 건조한 지역에 널리 사는 도마뱀이야.
사람들이 사는 곳에서도 종종 나를 만날 수 있으니 혹시 본다면 놀라지 말라고!
솔방울을 닮은 도마뱀은 아래에서 누구 같아?

1

2

3

4

➡ 정답은 뒤에서 확인!

85

꼬리가 머리? 머리가 꼬리?
싱글백스킨크
(솔방울도마뱀)

이 름	싱글백스킨크(Shingleback Skink)
학 명	Tiliqua rugosa
몸길이	약 35~45cm
수 명	약 50년
서식지	호주 남쪽, 서쪽
인기도	★★★★☆

➲ 정답은 3번

싱글백스킨크는 아종이 4종 있어요. 이 가운데 3종은 서호주에서만 발견된답니다. 나무가 많거나 사막, 모래 언덕처럼 건조한 곳에서 볼 수 있어요. 이 도마뱀은 비늘 한 조각, 한 조각이 솔방울과 비슷해서 '솔방울도마뱀'으로도 불려요. 싱글백스킨크는 지방이 있는 두꺼운 꼬리와 삼각형 머리, 창백한 푸른색을 띠는 혀가 특징이지요. 블루텅스킨크처럼 독은 없지만 적에게 파란색 혀를 내보이며 쉭쉭 소리를 내기도 해요. 이 도마뱀의 오동통하고 뭉툭한 꼬리는 머리와 굉장히 닮아 있어요. 보통 포식자들은 먹잇감의 숨통을 끊으려고 머리를 물어 사냥해요. 싱글백스킨크는 머리를 쉽게 찾지 못하게 하려고 머리와 꼬리를 헷갈리게 해서 도망친답니다. 그래서 'Two-headed Skink', 즉 '두 머리 도마뱀'이라는 이름도 있어요. 지방이 있는 꼬리 덕분에 몇 달을 먹지 않아도 버틸 수 있어요. 이 도마뱀은 40,000㎡ 정도인 자기만의 영역을 철저히 관리하면서도 평생 단 한 마리의 암컷만 보는 순정파예요. 암수 한 쌍이 같이 다니는 모습을 볼 수도 있답니다. 죽은 암컷을 하염없이 바라보며 그 자리에 계속 있는 수컷의 찡한 사연도 있어요.

어마어마한 턱 힘을 자랑하는 도마뱀은?

KEY 01
검은색과 흰색이 번갈아 나타나는 무늬!

KEY 02
커다랗고 굵은 몸통!

KEY 03
강한 힘을 자랑하는 두툼한 턱!

나는 열대 우림 같은 숲, 남아메리카의 중부,
사바나 같은 지역에서 사는 도마뱀이야.
이곳저곳에 퍼져서 살 만큼 여러 서식지에 잘 적응했지.
자, 아래에서 나를 찾았어?

1

2

3

4

➲ 정답은 뒤에서 확인!

똑똑한 거대 도마뱀
아르헨티나 블랙앤화이트테구

이 름	아르헨티나블랙앤화이트테구 (Argentine Black & White Tegu)
학 명	*Salvator merianae*
몸길이	약 120~140cm
수 명	약 15~20년
서식지	남아메리카의 중부, 사바나
인기도	★★★★

➲ 정답은 4번

88

아르헨티나블랙앤화이트테구는 테구 종류에서는 가장 큰 도마뱀이에요. 몸통의 색에 따라 이름이 달라져요. 블랙앤화이트·레드·골드처럼 여러 색이 있거든요. CITES에 2등급에 있는 도마뱀이기도 해요. 지능이 높아서 주인을 잘 알아보고 따르기도 하고요. 아르헨티나블랙앤화이트테구는 무엇이든 잘 먹는 대식가예요. 채소와 과일, 포유류는 물론, 가리는 먹이가 없어요. 심지어 사람들이 먹는 가공식품까지 먹는 일도 있대요!

적에게 공격을 받으면 꼬리를 크게 부풀리며 입을 벌리고 앞다리로 막는 동작을 취하면서 방어해요. 영역 싸움이 벌어지면 서로 물어뜯으며 치열하게 싸우기도 하고요.

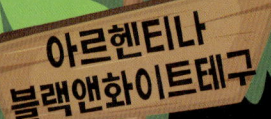

아르헨티나 블랙앤화이트테구 관찰 일지

키울 때 온도 약 26~30℃
키울 때 습도 약 60~80%
먹이 벌레·과일·작은 설치류 등

번식기인 봄에 몇 주 동안 짝짓기 기간을 갖는다!
암컷은 알을 낳을 흰개미 둥지를 찾아다닌다! :
흰개미 둥지에 약 12~30개의 알을 낳거나
약 60~90cm 정도로 크게 둥지를 만들기도!
산란한 알은 암컷이 수시로 지킨다! :
2개월 반~3개월 정도 뒤에 부화!

1. 새끼와 성체는 전혀 다른 색이다!

3. 턱 힘은 무시무시하게 강하다!

2. 나이테와 비슷한 띠가 몸통에 있다!

ㅋㅋ 몇 살이게?

아르헨티나블랙앤화이트테구는 새끼 때 등이 초록색, 꼬리는 노랗고 검은색을 띠다가 자라면서 황색 띠가 반점으로 바뀌어. 이 도마뱀의 띠는 나이테처럼 나이를 알려 줘. 성격이 아주 순하고 적응을 잘해서 인기가 많지만 방심하면 안 돼! 이 녀석의 턱 힘은 무시무시하거든! 약 1,000N('뉴턴'이라고 읽는 힘의 단위.)에 이르는 힘과 날카로운 이빨이 큰 상처를 낸단 말이야. 독은 없지만 핸들링이 덜 되었거나, 예민한 번식기에는 만지지 않도록 해.

앨리게이터가 생각나는 비늘의 도마뱀은?

KEY 01 광택이 있는 반들반들한 비늘!

KEY 02 에메랄드보다 예쁜 녹색 몸!

KEY 03 노란색을 띠는 눈 주위!

나는 멕시코에서 중앙아메리카, 남아메리카 북동부까지 살아.
어떤 친구는 굉장히 높은 지대에서 산대.
여기에서 나는 누구게?

1

2

3

4

➲ 정답은 뒤에서 확인!

신비한 녹색이 매력 있는
아브로니아

이 름	아브로니아 (Arboreal Alligator Lizard)
학 명	Abronia graminea
몸길이	약 25~30cm
수 명	약 15~20년
서식지	멕시코 중미, 남미 북동부
인기도	★★★★★

➲ 정답은 3번

ICUN에 멸종 위기 종으로 오른 도마뱀이에요. 비늘로 싸인 몸통은 예쁜 녹색을 띠어요. 몸통 색은 빛에 따라 진하기가 달라져요. 자연 햇빛을 받은 도마뱀은 녹색을, 인공적인 빛을 받은 도마뱀은 청록색을 띤답니다.

옅은 노란색의 배와 눈 주위에 둥근 띠처럼 보이는 노란색 패턴이 있어요. 새끼 때는 몸통 옆에 짙은 줄무늬가 있고요. 새끼 아브로니아는 작은 몸에서 반이나 차지할 만큼 꼬리가 길답니다. 이 긴 꼬리로 나무를 잘 타요! 높은 나무에서 사는 아브로니아는 일생을 나무에서 보내요.

두 발로 설 수 있는 도마뱀은?

KEY 01
어슬렁어슬렁 배회하기 좋아하는 대형 도마뱀!

KEY 02
날렵하면서도 탄탄하게 잡힌 꼬리와 다리의 근육!

KEY 03
검은색 몸통에 노란색 반점!

나는 호주 북서쪽과 뉴기니 남쪽에 사는 도마뱀이야.
다른 모니터 종류보다 탄탄한 근육이 있는 날렵한 몸매를 자랑한다고!
내가 누군지 바로 알겠다니 대단한데?

1

2

3

4

➡ 정답은 뒤에서 확인!

카리스마 넘치는 근육 몸짱 도마뱀
알거스모니터

이 름	알거스모니터(Argus Monitor)
학 명	Varanus panoptes
몸길이	약 120~140cm
수 명	약 15~20년
서식지	호주, 뉴기니
인기도	★★★★★

➲ 정답은 2번

© Flickr(GeoWombats)

알거스모니터는 그리스 신화에서 눈 100개가 있는 괴물 '알거스'에서 이름이 유래했어요. 호주 서쪽과 북쪽에 사는 아종이 2종, 뉴기니에 나머지 아종 1종이 살고 있죠. 보통 어두운색 바탕에 노란색 무늬를 띠는 이 도마뱀은 지역마다 색이 달라요. 또 다른 왕도마뱀보다 날렵한 생김새를 자랑해요. 기다란 목에 뾰족하고 작은 머리가 인상적이랍니다.

CITES에 등록된 알거스모니터는 새끼 때부터 성체까지 매우 빠르게 자라요. 냄새에 예민한 감각은 먹이 찾기에 많은 도움을 줘요. 갈라진 혀를 튕기면서 먹이를 찾거든요.

두 발로 서는 일명 '삼각대 자세(트라이포딩)'가 유명해요. 이 자세로 주변의 적을 경계하고 주위를 살펴볼 수 있죠.

새끼 때는 땅을 파고 들어가는 행동을 하다가 성체가 되면 나무 위에서 쉬는 모습을 볼 수 있어요. 다만 나무를 능숙하게 타지는 못해요. 이 도마뱀은 커다란 몸을 움직여 이리저리 돌아다니기를 좋아할 만큼 활동성이 좋답니다. 또 사납기도 하고요.

알거스모니터
관찰 일지

키울 때 온도 약 29~35°C
키울 때 습도 약 50%
먹이 벌레·설치류·물고기·갑각류·알 등

넌 또 뭐야?

1. 두 다리로 벌떡 일어서는 삼각대 자세를 한다!

2. 굵은 꼬리는 강한 힘을 자랑한다!

3. 몸통은 날렵한 편이다!

알거스모니터는 먹이를 찾거나 경계할 때 삼각대 자세를 보여. 뒷다리와 꼬리로 몸을 지탱하기 때문에 다른 도마뱀들보다 더 굵고 단단한 꼬리와 두 다리가 보이지? 근육질 다리와 꼬리는 안정적인 삼각대 자세를 도와줘. 특히 꼬리는 한번 휘둘렀을 때 사육장 유리를 깰 만큼 무시무시하다고 하니 조심해야겠지? 목은 두껍고 길지만 머리는 그보다 작고 뾰족해서 왕도마뱀 종류 가운데 날렵한 외모야.

명란젓을 닮은 도마뱀은?

KEY 01
가시 달린 공룡을 닮은 모습!

KEY 02
도마뱀 특유의 납작한 머리와 짧은 다리!

KEY 03
명란젓을 닮은 옅은 선홍색 몸통!

나는 주로 호주에서 사는 도마뱀이야. 절벽이나 산봉우리 같은 곳과 초원에서 살지. 호주에서는 북서쪽의 필바라 지역에서 나를 많이 볼 수 있어. 몸통 색이 화려한 나는 누구게?

1

2

3

4

➲ 정답은 뒤에서 확인!

97

몸값이 비싼 귀하신 몸
엡시솔루스

이 름	엡시솔루스 (Eastern Pilbara Spiny Tailed Skink)
학 명	Egernia epsisolus
몸길이	약 13~15cm
수 명	약 20년
서식지	호주
인기도	★★★★★

◐ 정답은 3번

'엡시솔루스'라는 이름은 "황색 왜성을 닮았다."라는 뜻의 그리스 말에서 왔어요. 지구에서 멀리 떨어져 있는 별 엡실론은 열에너지를 발생시키면서 주황색으로 빛이 난다고 해요. 주황빛을 띤 이 도마뱀의 이름은 여기에서 따왔답니다. 오늘날, 엡시솔루스는 수가 많이 줄어서 보호받고 있어요. 납작한 머리, 짧은 팔다리, 꼬리까지 이어진 위로 솟은 가시 같은 등의 뼈, 발바닥에 있는 비늘이 특징이에요. 수컷 한 마리와 암컷 한 마리가 생활하는 엡시솔루스는 짝짓기를 한 뒤 약 1~4마리의 새끼를 낳아요.

물고기 비늘이 달린 도마뱀붙이는?

KEY 01
부드러운 느낌을 주는 밝은 고동색 몸통!

KEY 02
고양이 눈을 한 도마뱀!

KEY 03
물고기 비늘을 닮은 비늘!

나는 마다가스카르에 사는 도마뱀붙이야. 북쪽부터 남동쪽까지 곳곳에서 살고 있지. 평범한 듯 평범하지 않은 난 어떻게 생긴 도마뱀붙이일지 한번 찾아봐!

1

2

3

4

➲ 정답은 뒤에서 확인!

물고기 비늘이 달린 도마뱀
피쉬스케일게코

이 름	피쉬스케일게코(Fish Scale Gecko)
학 명	*Geckolepis maculata*
몸길이	약 18cm
수 명	약 5년
서식지	마다가스카르
인기도	★★★☆☆

➲ 정답은 4번

피부에 붙은 비늘들이 물고기의 비늘과 비슷해 '피쉬스케일'이라는 이름이 붙었어요. 게코 종류에서 길이가 긴 도마뱀붙이랍니다. 피쉬스케일게코는 위험에 빠지면 비늘을 벗어 던지고 몸을 피해요. 비늘을 벗어 피부를 미끄럽게 해서 재빠르게 도망가는 것이죠. 피쉬스케일게코의 비늘은 악어의 비늘을 이루는 물질과 같다고 알려져 있어요. 떨어진 비늘들은 빠르게 재생되니 걱정하지 않아도 돼요! 이 도마뱀붙이는 낮에는 은신처에 숨어 있다가 해가 지고 난 밤에 본격적으로 움직인답니다.

신기한 도마뱀류를 찾아라!

자, 환상의 도마뱀 숲에 잘 오셨습니다. 이 숲에는 여러분의 눈에 보이지 않게 다섯 마리 도마뱀 종류가 꼭꼭 숨어 있어요. 다음 도마뱀류의 특징을 생각하며 잘 찾아보세요!

• 거들테일리자드 • 사타닉리프테일게코 • 싱글백스킨크 • 자이언트데이게코 • 플라잉리자드

➲ 정답은 책의 마지막 쪽을 확인하세요!

뱀류는 어떤 동물인가요?

'뱀'은 뱀아목에 들어가는 동물들을 말해요. 열대·아열대·온대처럼 덥고 습한 곳에 약 2,800종이 살고 대부분 열대 지방에 살아요. 일부 종류는 북극권에서 살고 있기도 해요. 뱀류는 어떤 특징이 있는지 살펴볼까요?

1 퇴화한 다리와 기다란 몸통

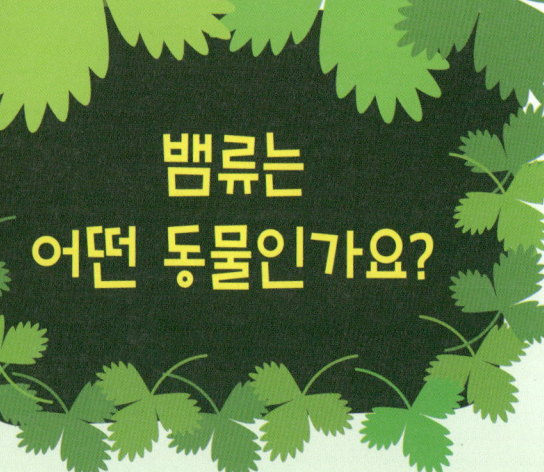

3 구불구불 사행 운동

뱀은 지그재그로 움직여요. 가지런하게 포개진 비늘을 세워 앞으로 기어가서 미끄러지지 않는답니다.

2 비늘로 덮인 피부와 허물

4 크게 늘어나는 턱

뱀류는 어떻게 분류할까?

뱀은 머리의 골격과 조직계 및 외부 생식기의 모양과 구조 등에 따라 아래처럼 3군 11과로 분류해요.

뱀의 3군 11과		
장님뱀군(3과)	원시뱀군(5과)	뱀군(3과)
장님뱀과·가는장님뱀과·미국실뱀과	파이프뱀과·선빔뱀과·가시꼬리뱀과·줄판비늘뱀과·보아과	뱀과·코브라과·살모사과

독이 있느냐 없느냐에 따라 아래처럼 분류하기도 해요. 하지만 이 분류법은 정식 분류는 아니니 살펴만 보도록 해요.

독에 따른 뱀의 분류		
독니 유무	무아류	유아류
	×	○

유아류 분류		
	전아류	후아류
독니 위치	위턱 앞	위턱 뒤에 1~2개씩
대표적인 뱀	코브라	꽃뱀(유혈목이)

 ## 뱀류의 몸을 관찰해 보자!

호흡 기관
사람과 달리 횡격막이 없어요. 갈비뼈의 공간을 줄이거나 늘이면서 허파의 공기를 순환해야 해요. 산소를 받아들이기 위해 모든 뱀의 오른쪽 허파는 길게 늘어져 있어요.

위턱과 아래턱
두개골에 근육·힘줄·연골로 이어져 있어서 상하좌우로 움직일 수 있어요. 아래턱은 좌우가 인대 조직으로 이어져서 왼쪽과 오른쪽을 각각 눌러 더욱 크게 벌릴 수 있죠.

피부
비늘과 각질 피부, 두 겹으로 이루어져 있어요. 해마다 한 번 이상 허물을 벗지 못하면 비늘이 단단하게 굳어서 죽고 만답니다.

소화관
소화관은 입·식도·위·소장·대장·항문을 따라 길게 이어져 있어요. 몸통보다 큰 먹이를 소화하도록 늘어날 수 있고요.

뱀류의 한살이

1 암컷과 수컷이 짝짓기를 한다.

2 알을 낳는다.

3 새끼 뱀들은 약 8~10주 뒤에 알의 껍데기를 찢고 나온다.

4 야생에서 큰 곤충과 새들, 설치류들에게 잡혀 소수만 남는다.

5 살아남은 새끼들은 탈피를 거듭해 성장하면 성체로 자라난다.

세상에서 가장 무거운 뱀은?

KEY 01
무겁고 굵은 몸통!

KEY 02
황록색 바탕에 검은색 반점이 있는 몸!

KEY 03
물을 좋아하는 뱀!

나는 브라질, 파라과이 같은 남아메리카와 아마존강에 사는 어마어마하게 큰 뱀이야! 늪이나 습지처럼 물이 있는 곳을 특히 좋아한다고! 내가 누구인지 알겠다면 아래에서 정답을 맞혀 봐!

1

2

3

4

➲ 정답은 뒤에서 확인!

엄청난 굵기와 무게를 자랑하는
그린아나콘다
(녹색아나콘다)

이름	그린아나콘다(Green Anaconda)
학명	Eunectes murinus
몸길이	최대 6m
무게	약 30~70kg
수명	약 15년
사는곳	남아메리카, 아마존
인기도	★★★★★

● 정답은 2번

아나콘다 종류에는 4개의 아종이 있어요. '검은점아나콘다·그린아나콘다·옐로아나콘다·볼리비아아나콘다'가 있죠. 이 가운데 그린아나콘다가 가장 크게 자라요. 덕분에 세계에서 가장 무겁고 가장 크고 두 번째로 긴 뱀으로 유명하죠.
그린아나콘다는 학명에 '좋은 수영선수'라는 뜻이 있어요. 커다란 데도 물에서는 재빠르게 움직이는 편이거든요. 상상하기가 힘들죠?

몸집이 큰 만큼 땅에서는 빠르게 움직이지 못해요. 엄청나게 무거워서 오랜 시간을 느릿느릿 돌아다니다 자기 무게에 허파가 짓눌려 죽기도 한대요.
그린아나콘다는 독은 없지만 이빨과 힘이 정말 무서운 뱀이에요. 먹잇감의 피부를 사정없이 뚫는 날카로운 이빨에 걸리면 잘 빠지지 않아요. 억지로 빼려고 하면 물린 곳이 찢긴답니다. 또 먹이를 강한 힘으로 죄어서 사냥해요. 이 뱀에게 물렸다면 목구멍 쪽으로 물린 곳을 넣어 이빨의 방향을 따져서 빠져나와야 해요.

그린아나콘다는 눈이 얇은 막에 싸여 있어요. 막이 눈을 보호해 줘서 물속에서도 불편함 없이 볼 수가 있죠. 이 뱀은 대부분을 물속에서 보내기 때문에 허파로 호흡해요. 종종 물 밖으로 나와 공기를 마시는 모습을 볼 수 있답니다.

그린아나콘다 관찰 일지

키울 때 온도　약 24~27°C, 최대 30°C
키울 때 습도　약 60~70%
먹이　설치류·포유류·파충류 등
번식기인 4~5월에 수컷이 암컷을 찾는다.
많은 수컷이 같은 암컷을 두고 싸우기도!
구애와 짝짓기는 물에서 이루어진다!
약 6~7개월의 임신 기간을 거쳐 난태생한다.
약 20~40마리 출산!

2. 머리 위에 눈과 콧구멍이 있다!

2. 강하게 죄어 질식사 시킨다!

1. 몸통은 눈에 띄는 황록색이다!

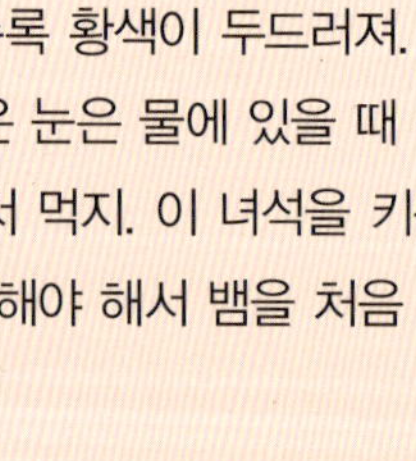

그린아나콘다는 등 쪽으로 갈수록 황색이 두드러져. 대부분 검은색 점무늬가 있고 머리 옆은 밝은색을 띠지. 머리의 위에 있는 콧구멍과 작은 눈은 물에 있을 때 몸을 들지 않아도 먹이를 잘 볼 수 있게 해 줘! 사냥한 먹이는 강하게 죈 다음 질식시켜서 먹지. 이 녀석을 키운다면 커다란 몸을 담글 수 있는 물그릇을 넣어 주면 좋아. 큰 뱀인 만큼 세심하게 관리해야 해서 뱀을 처음 키우는 친구들에게 힘들 수도 있어.

나무를 좋아하는 자수정 눈의 뱀은?

KEY 01
나무 타기를 즐기는 뱀!

KEY 02
화려한 무늬와 자수정 같은 눈!

KEY 03
다이아몬드처럼 보이기도 하는 멋진 비늘!

나는 파푸아뉴기니에 주로 살고 있어.
인도네시아와 호주에서도 볼 수 있지.
다른 뱀들보다 평범해 보이지만 특별한 점도 있는 난 누구일까?

1

2

3

4

➲ 정답은 뒤에서 확인!

화려한 무늬와 보석 눈이 매력!
스크럽파이톤
(자수정비단뱀)

이 름	스크럽파이톤(Scrub Python, Amethystine Python)
학 명	Morelia amethistina
몸길이	약 4m(최대 약 7m)
수 명	약 15년
서식지	파푸아뉴기니, 호주
인기도	★★☆☆☆

➲ 정답은 1번

스크럽파이톤은 기온이 높고 습한 환경을 좋아해서 물이 있는 곳 근처에 자주 나타나요. 이 뱀은 '할마헤라·몰루칸·타님바·퀸즐랜드(호주)·뉴기니' 이렇게 5종류가 있어요. 세계의 6대 대형 뱀 가운데 하나인 스크럽파이톤은 퀸즐랜드(호주) 스크럽파이톤이 가장 크게 자란다고 해요. 물론 나머지 종류가 작은 뱀은 아니에요. 파푸아뉴기니의 스크럽파이톤도 현지에서 가장 큰 뱀이거든요! 현재 퀸즐랜드 스크럽파이톤은 호주 밖으로는 수출이 금지되어 있답니다. 나무 위에 사는 스크럽파이톤은 성격이 사납고 독은 없지만 힘이 어마어마하게 세요. 먹이를 발견하면 칭칭 조여서 질식사를 시켜요. 화려한 무늬를 이루는 비늘은 햇빛을 받으면 반짝반짝 빛나기도 해요. 이런 매력 덕분에 애완 시장에도 가끔 풀리지만 관상용에 더 알맞은 뱀이에요.

무지갯빛 비늘이 예쁜 뱀은?

KEY 01

물을 좋아하는 전설의 주인공!

KEY 02

무늬가 없는 매끈한 몸통!

KEY 03

어두운 몸에서 무지갯빛이 드러나는 비늘!

나는 서호주의 북쪽 열대 지방과 파푸아뉴기니에 사는 뱀이야. 호주 전설에서 대단하게 묘사되는 난 어떤 뱀일지 궁금하지 않아?

1

2

3

4

➡ 정답은 뒤에서 확인!

113

무지갯빛이 나는 멋진 뱀!
워터파이톤
(물비단뱀)

이 름	워터파이톤(Water Python)
학 명	*Liasis fuscus*
몸길이	약 2.5m
수 명	알려지지 않음.
서식지	서호주의 북쪽 열대 지방 및 파푸아뉴기니, 애들레이드강 범람원
인기도	★★★★★

● 정답은 3번

© portcitypet(인스타그램)

아주 먼 옛날, 긴 잠을 자던 무지개뱀이 깨어나 모든 것을 붉은 흙으로 덮었어요.
커다란 몸으로 땅을 헤집고 다니면서 산과 운하를 만들었죠. 뱀의 힘으로 높은 곳은 산이 되었어요.
낮은 곳은 강과 바다가 되었고요. 뱀이 지나가지 않은 곳은 사막이 되었답니다.
무지개뱀은 생명을 깨워 땅에서 살게 했어요. 그리고 서로 조화롭게 살라고 했죠.
할 일을 모두 마친 무지개뱀은 바다로 돌아갔어요. 바다 깊은 곳에서 세상을 지켜보는
무지개뱀은 지금도 생명들을 보호하고 있답니다.

호주에 전해 내려오는 이 이야기는 무지개뱀의 전설이에요. 이 전설의 주인공이 바로 '워터파이톤'이랍니다. 워터파이톤이 사는 호주의 강과 호수 지역은 대부분 우기가 분명한 곳이에요. 우기가 시작되면 워터파이톤의 수가 늘어난답니다. 호주 외에 인도네시아의 '파푸아'라는 곳에서도 이 뱀이 발견돼요. '워터파이톤'이라는 이름에서 볼 수 있듯이 이 뱀은 물을 아주 좋아해요. 위험에 빠지면 재빠르게 물로 피한답니다. 반수생 뱀답게 수영 실력도 뛰어나요.
야생에서는 비어 있는 통나무나 식물처럼 숨어 있을 곳을 찾아다니고요. 주로 밤에 활동하는 모습을 보여줘요.

워터파이톤 관찰 일지

키울 때 온도 약 26~35℃
키울 때 습도 약 70%
먹이 설치류·물새·다른 동물의 알 등
번식기인 7~8월에 짝짓기를 한다! :
약 한 달 뒤에 임신을?!
암컷은 보통 12개의 알을 낳는다. :
약 57~61일 뒤에 부화!

1. 얼굴 근처에 있는 구멍이 센서 역할을 한다!

2. 몸통에는 무늬가 없다!

3. 비늘은 홀로그램처럼 아름답게 빛난다!

워터파이톤은 몸통이 어두운 갈색에서 검은색을 띠어. 다른 뱀과 다르게 몸에 무늬는 거의 없지. 얼굴 근처에 있는 구멍은 생물의 열을 감지하는 데 도움을 줘. 워터파이톤은 무지갯빛으로 아름답게 반짝이는 비늘이 눈에 띄는 뱀이야. 아름다운 외모와 다르게 여러 가지 먹이를 가리지 않고 먹지. 야생에서 성장기 때는 도마뱀이나 개구리 등을 먹고 자랄수록 새나 쥐와 같은 척추동물을 사냥해서 먹는대.

몸통에 호랑이 무늬가 있는 뱀은?

KEY 01
위험해지면 크게 **부풀리는 몸**!

KEY 02
검은색과 노란색이 만드는 몸통 무늬!

KEY 03
흑요석 같은 커다란 검은색 눈!

나는 멕시코 중부와 동부를 거쳐 중앙아메리카와 남아메리카를 아우르는 넓은 지역에 살고 있어. 우림 지역과 초원 지역에서도 종종 보이지. 자, 이제 내 모습을 공개해 볼까?

1

2

3

4

➲ 정답은 뒤에서 확인!

117

아메리카에서 가장 길고 똑똑한 타이거렛스네이크

이 름	타이거렛스네이크(Tiger Ratsnake)
학 명	*Spilotes pullatus*
몸길이	약 2~2.7m
수 명	약 15~30년
서식지	멕시코 중부와 동부, 중앙아메리카, 남아메리카
인기도	★★☆☆☆

➲ 정답은 4번

몸통의 무늬가 호랑이의 무늬와 비슷하여 '타이거렛스네이크'라는 이름이 붙었어요. '카니나나(Caninana)'라는 이름으로 불리기도 해요. 이 뱀은 헛간이나 민가, 물가에서도 종종 나타난답니다.

지능이 매우 높은 타이거렛스네이크는 노란색과 검은색이 섞인 호랑이 무늬가 일반적이에요. 사는 곳에 따라 색이 조금씩 달라요. 중앙아메리카에 사는 타이거렛스네이크는 주황색과 검은색을, 남아메리카에 사는 타이거렛스네이크는 노란색과 검은색을 띠어요. 멕시코에 사는 타이거렛스네이크가 아메리카에서는 가장 긴 뱀이라고 해요. 타이거렛스네이크는 큰 먹이를 먹어서 오래 소화하지 않고 야생에서 작은 먹이를 계속 사냥해 먹어요. 덕분에 활동량이 많고 시력이 좋은 뱀이랍니다.

위험에 빠지면 코브라처럼 몸을 부풀리기도 해요. 몸집을 키워서 적을 위협하는 것이죠. 타이거렛스네이크는 약 5종류의 아종이 있어요. 아종마다 무늬나 색은 모두 다르답니다.

돼지 코를 닮은 머리의 뱀은?

KEY 01
독특한 머리 모양으로 흙 파기를 좋아하는 뱀!

KEY 02
짙은 고동색 몸통!

KEY 03
돼지의 코처럼 들린 머리!

나는 캐나다 남부와 미국 중부, 중앙아메리카에 사는 뱀이야.
흙 파기를 좋아하는 나는 어떻게 생겼을까?

1

2

3

4

➲ 정답은 뒤에서 확인!

센 척 죽은 척 속이는 뱀계의 사기꾼!
호그노즈

이름	호그노즈(Hognose Snake)
학명	Heterodon nasicus
몸길이	평균 약 암컷 90cm, 수컷 60cm
수명	약 10~15년
서식지	북중미
인기도	★★★★☆

➲ 정답은 1번

© Flickr[Bernard DUPONT]

머리의 끝이 돼지의 코처럼 들려 올라가 있어서 '호그노즈'라는 이름이 붙었어요. 호그노즈는 들린 머리의 끝을 삽처럼 써서 땅을 판다고 해요. 이 뱀은 생김새도 독특하지만 위험이 닥치면 죽은 척하기로 유명해요. 입을 벌리거나 혀를 내민 채 배를 뒤집는 이런 행동을 '플레잉 데스'라고 부른답니다.

호그노즈의 독은 **출혈 독**(출혈과 함께 몸으로 독이 퍼진다. 이 독은 모세 혈관과 근육을 파괴하고 출혈과 통증을 일으켜 죽음에 이르게 한다.)으로 알려져 있어요. 하지만 다른 독사들처럼 목숨을 위협할 만큼 위험하지는 않아요. 후아류인 호그노즈는 송곳니에 독샘이 거의 없어요. 뒷니에 있는 독은 먹이를 마비시키는 정도로 약하답니다. 이 뱀은 다른 뱀보다 귀여운 외모로 많은 사람에게 사랑을 받고 있어요. 많은 인기만큼 여러 색으로 **개량**(보완하여 더 좋게 고치다.)해서 활발히 유통되고 있어요. 하지만 우리나라에서는 독사로 분류해서 2018년부터 수입이 안 돼요.

호그노즈 관찰 일지

키울 때 온도 약 25~30℃
키울 때 습도 약 40~60% 이상
먹이 작은 설치류

수컷은 부화 후 약 1년 뒤 체중은 70g 이상,
암컷은 부화 후 약 2년 뒤 250g 이상이면
성적으로 성숙해진다!
임신 기간은 4~5주 정도!
알들은 약 50~55일이 지나면 부화!

1. 살짝 들린 머리의 코는 돼지의 코를 닮았다!
2. 죽은 척해서 위기를 피한다!
3. 독이 있지만 크게 위험하지 않다!

1 Day

호그노즈는 실제로 만져 보면 상당히 거칠거칠한 뱀이야. 애완 뱀에서도 크기가 작은 편인데 수컷이 암컷보다 더 작지. 돼지 코처럼 살짝 들린 머리는 부드러운 흙을 헤집어서 땅을 파기에 딱 좋아. 머리뿐만이 아니라 두껍고 둥글둥글한 몸통도 땅을 파기에 좋은 모양이지. 이 녀석은 위험이 닥치면 죽은 척한다고 했잖아? 때때로 분뇨를 내보내 지독한 냄새를 풍기면서 죽은 척하기도 해. 호그노즈의 독에 있는 물질은 독성보다 알레르기를 일으키는 물질에 더 가까워. 물려도 하루 정도 가려운 것 외에는 거의 해가 없거든.

뱀들을 잡아먹는 사나운 뱀은?

KEY 01 — 온순해 보이는 눈망울!

KEY 02 — 몸통이 날렵한 뱀!

KEY 03 — 화려한 빨간색·검은색·흰색의 몸통!

나는 아메리카 전역에 걸쳐 사는 뱀이야. 메마른 바위 사막·암석 지대·산악 지대·초원·늪지대 등 다양한 곳에서 살지. 뱀들 사이에서도 무시무시하다는 난 어떻게 생겼을까?

1

2

3

4

➲ 정답은 뒤에서 확인!

동족까지 잡아먹는 흉폭한 매력!
킹스네이크
(왕뱀)

이 름	킹스네이크 (King Snake)
학 명	Lampropeltis getula
몸길이	약 100~180cm
수 명	약 15~20년
서식지	아메리카 전역·멕시코·캐나다
인기도	★★★★★

➲ 정답은 4번

킹스네이크는 사나운데도 애완용으로 인기가 많은 뱀이에요. 많은 사랑을 받아서인지 다양한 종류가 있답니다. 이 뱀은 독에 면역력이 있어서 살모사나 방울뱀과 같은 독사도 사냥할 수 있어요. 심지어 같은 킹스네이크를 잡아먹기도 해요!

여러 아종이 있는 킹스네이크는 적이 많아서 수명이 비교적 짧아요. 서로가 사는 곳이 가까워서 동족끼리의 **하이브리드**(서로 다른 성질이 있는 요소를 뒤섞음.) 종이 태어나기도 하고요. 이 탓에 아종을 분류하기가 어렵답니다.

이 뱀의 몇몇 종은 산호뱀의 색깔과 무늬와 비슷해서 헷갈리기도 해요. 어떻게 다른지 색의 굵기나 배치를 중심으로 잘 살펴보세요.

 킹스네이크
 산호뱀

킹스네이크 관찰 일지

키울 때 온도 약 26~31℃
키울 때 습도 약 60%
먹이 다른 뱀(독사 포함)·도마뱀·작은 포유류·설치류·양서류·알 등

겨울잠을 잔 뒤 허물을 벗으면 봄과 여름에 짝짓기를 한다. :
사나워서 서로 잡아먹는 상황이 벌어진다!
임신 기간은 약 한 달 반 정도!
약 두 달 뒤 부화한다. :
온도를 적당히 맞춰 줬을 때!

1. 뱀들도 위협할 정도로 사납다!
2. 몸의 색과 무늬가 눈에 띄게 선명하다!
3. 어마어마한 먹성을 자랑한다!

킹스네이크는 다른 뱀을 잡아먹어서 붙은 '왕'이라는 말이 전혀 아깝지 않아. 사나운 성격만큼 활발하게 활동하는 녀석이기도 하지. 이 뱀은 무늬와 색이 선명하게 두드러져. 색이나 무늬 외에도 다른 종보다 먹성이 좋다는 점도 주목해야 해. 혹시라도 굶긴다면 몹시 사나워지거든! 야생에서 녀석들은 양서류·조류·설치류 등을 가리지 않고 먹는 엄청난 뱀이기도 해.

겉모습만 위험해 보이는 허당 뱀은?

KEY 01
독이 없는데도 눈길을 끄는 화려한 색깔!

KEY 02
산호뱀과 정말 비슷한 외모!

KEY 03
빨간색·노란색·검은색 무늬가 대표적!

나는 주로 북아메리카와 남아메리카 지역에 사는 뱀이야.
숲이 우거진 곳에도 살지만 초원이나 바위가 많은 경사면에서도 살고 있지.
화려한 모습의 난 어떤 뱀인지 찾아보지 않을래?

1

2

3

4

정답은 뒤에서 확인!

산호뱀을 닮아 아리송?
밀크스네이크
(우유뱀)

이 름	밀크스네이크(Milk Snake)
학 명	Lampropeltis triangulum
몸길이	약 50~150cm
수 명	약 15년
서식지	북아메리카, 남아메리카
인기도	★★★★★

➲ 정답은 2번

밀크스네이크는 우유를 먹으려고 젖소의 젖을 빨아먹었다는 데에서 이름이 유래했다는 이야기가 있어요. 안타깝게도 이는 거짓이랍니다. 시원하고 어두운 환경을 좋아하는 밀크스네이크가 헛간 주변에서 자주 나타나서 이러한 이야기가 탄생했는지도 몰라요.

이 뱀은 부드럽고 반짝이는 비늘이 있어요. 아종은 약 25종이 있으며 빨간색·노란색·검은색의 밴드인 '트라이어드'가 특징이죠. 이 3가지 색 이외에도 있는 여러 색은 아종을 구별하는 방법으로 쓰여요.

밀크스네이크는 외모와 사는 곳이 산호뱀과 비슷해서 구별하기 쉽지 않아요. 정답은 아니지만 몸통의 색을 바탕으로 두 뱀을 구별하는 법을 대략 살펴보도록 할게요.

산호뱀은 붉은색과 검은색이 굵고 얇은 경계 부분이 노란색이에요. 이와 달리 밀크스네이크는 붉은색만 굵고, 붉은색과 검은색 부분이 서로 닿아 있어요.

산호뱀   밀크스네이크

밀크스네이크 관찰 일지

키울 때 온도 약 26℃
키울 때 습도 약 40~60%
먹이 어릴 때 : 벌레나 달팽이
성체 : 새나 작은 포유류, 도마뱀 등
5월 초부터 6월 말까지 짝짓기를 한다.
암컷은 알을 배면 몸무게가 늘고 비늘이 퍼진다.
6~7월에 약 3~24개의 알을 통나무나 썩은 소목 아래에 낳는다. : 8~9월에 태어나는 새끼!

1. 산호뱀과 구별하기가 힘들다!

2. 성격은 순하지만 가끔 반전 행동을 보인다!

3. 비늘은 맨들맨들하고 부드러운 느낌이다!

찌익!
살짝 만지셈!

밀크스네이크는 '외모'가 가장 큰 특징이야. 독이 있는 산호뱀과 닮은 외모를 일종의 보호색처럼 쓰거든. 몸통을 덮은 비늘은 촘촘히 나 있어서 매끈한 느낌을 줘. 이 녀석은 성격이 순해서 인기가 많아. 뱀들 가운데 안전하면서도 활동적이어서 처음 키운다면 꼭 추천하는 뱀이지. 하지만 순하다고 자꾸 만지면 스트레스를 받아 요산을 쌀 수 있으니 조심해!

뱀 종류에서 가장 예쁜 뱀은?

KEY 01 쥐를 잘 먹는 뱀!

KEY 02 매끄럽고 날렵한 몸통!

KEY 03 밝고 예쁜 무늬와 색!

나는 동남아시아와 동아시아를 아우르는 넓은 곳에 사는 뱀이야.
바위 지역부터 나무가 많은 숲이나 물가 주변 지역까지 두루두루 나타나지.
날렵하고 예쁜 난 어떻게 생겼을까?

1

2

3

4

➡ 정답은 뒤에서 확인!

예쁘다고 방심은 금물!
뷰티렛스네이크

이 름	뷰티렛스네이크 (Beauty Ratsnake)
학 명	*Orthriophis taeniurus*
몸길이	약 120~180cm
수 명	약 15~30년
서식지	동남아시아, 동아시아
인기도	★★★☆☆

➲ 정답은 3번

주로 쥐를 먹어서 '렛'이라는 말과 패턴과 색이 예뻐서 '뷰티'라는 말이 더해져 '뷰티렛스네이크'라는 이름이 붙었어요. 이 뱀은 여러 아종마다 다른 색 때문에 인기가 높답니다. 대표적인 아종으로는 주황색 몸통에 불규칙한 흰 반점이 나타나는 '칼리코', 전체적으로 검은색인 '멜라니스틱', 노란 색소 부족으로 회색에 보라색 눈이 있는 '라벤더' 등이 있어요. 나이가 들수록 몸통 색이 점점 더 밝아진답니다. 뷰티렛스네이크는 동굴을 참 좋아하는 뱀이에요. 동굴 벽을 타서 잘 사냥할 수 있도록 진화했답니다.

입에 촉수가 달린 뱀은?

KEY 01
메기수염처럼 촉수가 달린 입!

KEY 02
갈색 몸통과 밝은색 줄무늬!

KEY 03
탁한 물에 사는 뱀!

나는 탁하고 깊지 않은 물에 사는 뱀이야.
태국과 캄보디아, 베트남 같은 동남아시아에서 볼 수 있어.
물에 사는 뱀 가운데 독특하게 생긴 나는 금방 알아볼 수 있을걸?

1

2

3

4

➡ 정답은 뒤에서 확인!

물에서만 사는 돌기 달린 뱀
텐타클스네이크
(촉수뱀)

이 름	텐타클스네이크(Tentacled Snake)
학 명	Erpeton tantaculatum
몸길이	약 50~76cm
서식지	동남아시아
인기도	★★★★★

➲ 정답은 2번

텐타클스네이크는 물속에 사는 뱀이에요. 동남아시아의 열대어 농장이나 논에서 나타난답니다. 이 뱀은 꼬리가 전체 길이에서 ¼을 차지할 만큼 길어요. 주둥이의 끝에 짧은 촉수처럼 보이는 돌기가 있고 갈색 몸에 줄무늬가 있어요. 몸통의 무늬는 밴드(Banded)와 스트라이프(Striped) 두 가지가 있어요. 이 뱀은 물에 있다가도 약 30분에 한 번씩 호흡을 위해 물 밖으로 나온답니다. 야생에서는 건기 때 진흙 속에 들어가 있어요. 텐타클스네이크도 독니가 있지만 사람에게는 거의 해가 없어요.

코뿔소처럼 뿔이 달린 뱀은?

KEY 01
나무 위를 좋아하는 뱀!

KEY 02
매력 넘치는 초록색 몸과 순한 눈망울!

KEY 03
코뿔소를 닮은 뾰족하고 긴 뿔!

나는 베트남 북쪽과 북인도, 중국 남쪽 등에 사는 뱀이야.
개울 근처나 나무가 많은 산림 지대의 나무에서 나를 볼 수 있어.
나무 위에 사는 나는 어떻게 생겼을까?

1

2

3

4

➲ 정답은 뒤에서 확인!

135

초록색 몸과 뿔이 아름다운
라이노렛스네이크
(코뿔소뱀)

이 름	라이노렛스네이크 (Rhinoceros Ratsnake)
학 명	*Gonyosoma boulengeri*
몸길이	약 1~1.5m
수 명	약 15년
서식지	베트남 북쪽, 중국 남쪽
인기도	★★☆☆☆

➲ 정답은 4번

코끝에 솟은 뿔이 코뿔소를 닮아 '라이노렛스네이크'라고 불려요. '코뿔소뱀, 녹색 유니콘'이라고도 하고요. 이 뿔은 굉장히 약해서 쉽게 부러지니 특별히 조심해야 해요. 이 뱀은 렛스네이크 종류에서도 개체가 아주 적은 귀한 뱀이에요. 라이노렛스네이크와 비슷한 뱀으로 '바론스레이서스네이크'라는 뱀도 있어요.

성체

새끼 때

머리끝의 튀어나온 코의 뿔이 정말 아름답지 않나요? 아쉽게도 코의 튀어나온 뿔이 정확하게 무슨 역할을 하는지 아직 밝혀지지 않았답니다.

이 뱀은 새끼 때와 성체의 몸통 색이 달라요. 약 1년 동안 자랄 때는 회색을 띠지만 시간이 지나면서 초록색으로 바뀌어요.

라이노렛스네이크는 먼저 공격하지 않으면 물지 않는 뱀이랍니다. 공격성이 높지 않고 독도 없는 뱀이라 관상용으로 알려져 있어요.

라이노렛스네이크 관찰 일지

키울 때 온도 약 26~35℃
키울 때 습도 약 50~75% 이상
먹이 설치류
번식기는 4~5월이고 한 번에 약 5~10개의 알을 낳는다. : 약 60일 뒤에 부화!

3. 활대처럼 뭉친 자세는 경고 표시이다!

난 특제 야생 도마뱀만 먹는 몸이라고!

2. 야생과 사육된 개체의 먹이가 다르다?

1. 주둥이에 코뿔소처럼 뿔이 있다!

만지기만 해! 가만 안 둘 테다!

라이노렛스네이크는 주둥이에 있는 코뿔소를 닮은 뿔이 가장 큰 특징이야. 이 녀석은 야생에서의 개체와 번식된 개체의 먹이가 달라. 야생에서는 이름과 다르게 쥐를 먹지 않고 도마뱀을 먹거든. 인공적으로 번식된 개체는 사람에게 길들어서인지 쥐를 먹는 점이 달라.
순한 라이노렛스네이크는 자극을 받으면 활대처럼 뭉치는 자세를 해. 이 자세는 물겠다는 경고이니까 조심해야 해.

신기한 뱀류를 찾아라!

이번에 여러분은 신비한 뱀 숲에 도착했어요! 도마뱀의 숲처럼 보이지 않게 다섯 마리 뱀 종류가 숨어 있답니다. 다음 뱀류의 특징을 생각하며 잘 찾아보세요!

· 그린아나콘다 · 라이노렛스네이크 · 스크럽파이톤 · 텐타클스네이크 · 호그노즈

➲ 정답은 책의 마지막 쪽을 확인하세요!

거북류는 어떤 동물인가요?

거북류는 파충류에서 가장 오래된 생물이에요. 거북류는 대부분 오래 살고 움직임이 느려요. 일부는 물에서 살고 일부는 땅에서 사는데 어디에 사느냐에 따라 분류가 달라진답니다. 거북류는 어떤 특징이 있을까요?

1. 딱딱한 등딱지

거북마다 등딱지 모양이 다르다!

2. 느릿느릿한 움직임

무거운 등딱지 아래에는 ㄱ 자로 구부러진 다리가 있다!

3. 어마어마한 턱의 힘

뼈가 으스러질 만큼 강하다!

4. 굉장히 긴 수명

 ## 거북류는 어떻게 분류할까?

거북은 대체로 아래처럼 나눌 수 있어요.

거북류	
잠경아목(11과) : 목과 머리를 등딱지 속으로 곧게 집어넣는다.	곡경아목(3과) : 목을 옆으로 구부려 감춘다.
돼지코거북과·바다거북과·늑대거북과·강거북과·장수거북과·늪거북과·남생이과·풀거북과·큰머리거북과·땅거북과·자라과	뱀목거북과·가로목거북과·견목거북과

반대로 "물이냐, 땅이냐, 물과 땅이냐?"처럼 사는 곳에 따라서 아래처럼 나눌 수도 있답니다.

육지거북
땅에 사는 거북이에요. 걸어 다니기 좋은 굵고 튼튼한 다리가 있어요.

민물거북
물과 땅 모두를 오가며 생활할 수 있는 거북이에요. 물갈퀴가 발에 있어 수영도 해요.

바다거북
일생의 대부분을 물에서 사는 거북이에요. 지느러미처럼 생긴 발로 수영해요.

 ## 거북류의 몸을 관찰해 보자!

등딱지와 배딱지
딱딱한 등딱지는 갈비뼈·쇄골·등뼈·엉덩이뼈의 일부가 합쳐졌어요. 거의 아치형이지만 물에 사는 거북은 납작해요. 바다거북처럼 가죽과 같이 부드럽고 유연한 등딱지도 있어요. 배를 보호하는 배딱지도 있어요.

시각과 후각
거북은 밤에도 색을 구별할 만큼 야간 시력이 매우 뛰어나요. 하지만 후각은 발달하지 않아서 사냥할 때는 시력만 써요.

발톱과 물갈퀴
질기고 뜯기 어려운 먹잇감들은 발톱으로 잘라요. 물갈퀴는 거북에 따라 있거나 없어요.

이빨과 턱
이빨이 없어서 씹을 수 없어요. 사람들은 입 안쪽에 가시처럼 돋은 턱의 외피를 이빨로 오해하죠. 이 단단한 외피로 먹이를 잘라먹거나 그대로 소화해요. 턱 힘도 세답니다.

 ## 거북류의 한살이

1 짝짓기를 한 뒤 흙을 파서 둥지를 만들고 알을 낳는다.

2 알에서 부화한 새끼들은 홀로서기를 시작한다.

5 성체 거북은 수명이 길다.

4 바닷물에 성공적으로 들어가 성체가 된다.

3 바다거북의 새끼들은 부화하자마자 바로 바다로 향한다. 그 과정에서 적들에게 먹히기도 한다!

 ## 팬케이크를 닮아 납작한 거북은?

KEY 01
가볍고 유연한 몸!

KEY 02
팬케이크처럼 아주 납작한 등딱지!

KEY 03
황갈색 몸통!

나는 아프리카의 케냐·잠비아·탄자니아 외에 사바나 지역에 사는 거북이야.
지금 멸종 위기에 있어서 관리를 받는 몸이지!
어때, 내가 누군지 알겠어?

1

2

3

4

➲ 정답은 뒤에서 확인!

멸종 위기 납작 거북!
팬케이크육지거북

이 름	팬케이크육지거북(Pancake Tortoise)
학 명	Malacochersus tornieri
등딱지길이	약 15~18cm
수 명	35년 이상
서식지	케냐 남쪽 지방, 탄자니아 북쪽
인기도	★★★★★

➲ 정답은 1번

팬케이크육지거북은 바위틈에 살아서 '틈새거북'이라는 다른 이름도 있어요. 이름처럼 등딱지가 납작하고 몸도 정말 유연하답니다. 거북이 어떻게 이럴 수 있냐고요? 그 비밀은 '등딱지'에 있어요! 팬케이크육지거북은 등딱지의 뼈에 구멍이 많아서 무게가 가볍기 때문이에요. 이 덕분에 좁은 틈이나 은신처로 재빨리 기어갈 수 있어요.

이 거북은 위기가 닥치면 등딱지에 숨지 않고 좁은 틈이나 은신처로 도망해요. 다른 거북들보다 날렵하게 움직이고 뒤집히더라도 바로 다시 원래대로 몸을 뒤집을 수 있어요. 혼자서 일어날 수 있는 거북은 팬케이크육지거북밖에 없답니다. 이렇게 가벼운 등딱지가 마냥 좋은 것만은 아니에요. 아주 강한 힘에는 잘 부서지거든요! 강한 힘을 가진 적을 만난다면 팬케이크육지거북은 재빠르게 도망가야겠죠?

오늘날 멸종 위기에 처한 팬케이크육지거북은 나라에서 허락하지 않으면 수출할 수 없어요. 이 거북은 CITES 2등급에 들어간답니다.

147

팬케이크육지거북
관찰 일지

키울 때 온도 약 28~35C°
키울 때 습도 약 30~50%
먹이 녹색 잎의 채소류나 육지 거북 사료
번식기인 1~2월에 암컷을 차지하려고 싸운다! : 크기가 큰 녀석이 기회를 얻는다!
암컷은 7~8월에 둥지를 짓고 약 7.5~10cm의 둥지 구멍을 만든다.
한 계절에 알을 여러 번 낳는다! : 부화는 4~6개월 정도!

볼록 / 납작

1. 등딱지가 납작해서 좁은 틈에 쏙 들어간다!
2. 살아남기 위해 틈에 숨는다!
3. 등딱지의 무늬는 훌륭한 무기가 되기도 한다!

빵빵

팬케이크육지거북의 머리와 꼬리는 대부분 황갈색을 띠어. 등딱지 안은 연한 노란색이지. 이 녀석의 납작한 등딱지는 태어날 때부터 납작하지 않았어. 새끼 때는 다른 거북들처럼 반구 모양이었다가 자라면서 납작해졌어. 이 거북은 적을 만나면 좁은 바위틈에 숨는 습성이 있어. 그다음 공기를 들이마신 뒤 몸을 부풀려 틈에 껴 있는 생존 방식을 쓰지! 팬케이크육지거북의 등딱지에 있는 '여러 무늬'도 좋은 무기야! 이 무늬는 야생에서 몸을 숨길 때 훌륭한 위장색으로 쓰이니 잘 관찰해 봐.

무늬가 제일 아름다운 거북은?

KEY 01
땅에 사는 덩치 큰 거북!

KEY 02
눈길을 사로잡는 규칙적인 무늬!

KEY 03
검은색 바탕의 등딱지에 사방으로 뻗은 무늬!

나는 마다가스카르섬의 남서쪽에 살고 있어.
레위니옹섬(마다가스카르섬의 동쪽 해상에 있는 섬.)이나
모리셔스(인도양 남서쪽에 있는 섬나라.)에서도 나를 만날 수 있지.
등딱지 무늬가 예쁜 나를 한번 찾아보지 않을래?

1

2

3

4

➲ 정답은 뒤에서 확인!

등딱지 무늬가 아름다운
방사거북

이 름	방사거북(Radiated Tortoise)
학 명	*Astrochelys radiata*
등딱지길이	약 40cm
수 명	약 40년 이상
서식지	마다가스카르 남서쪽
인기도	★★★★☆

➲ 정답은 4번

방사거북은 가시나 숲, 마른 덤불 지형과 삼림 지대를 좋아해요. 내륙(바다에서 멀리 떨어져 있는 육지.)의 해안 지대나 해안 사구(해안을 따라 발달한 모래 둔덕.)에서도 볼 수 있어요. 특히 마다가스카르섬의 남쪽 끝에 있는 숲에 많이 산답니다. 안타깝게도 지금은 서식지 파괴와 남획 등으로 수가 크게 줄었어요. CITES 1 등급으로 정해진 방사거북은 함부로 사고팔 수 없어요.

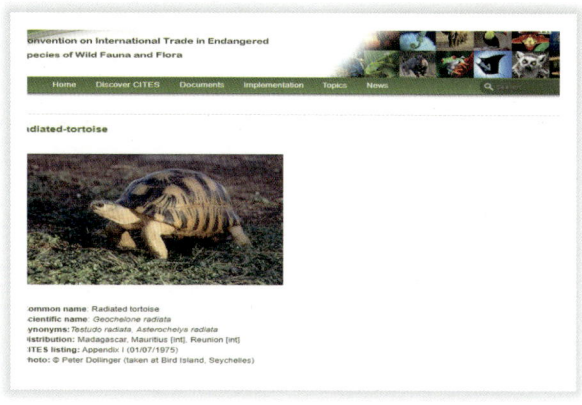

방사거북은 등딱지의 독특한 방사(가운데에서 사방으로 뻗침.) 무늬가 큰 특징이에요. 이 무늬 덕분에 세계에서 가장 아름다운 거북으로 알려져 있어요. 방사거북의 아름다운 등딱지에는 신경과 혈관도 모여 있어서 굉장히 중요해요.

이 거북은 야생에서 식물이나 과일을 먹어요. 낮에는 주로 먹이를 먹고 밤에는 쉬는 모습을 보여 줘요.

방사거북 관찰 일지

키울 때 온도 약 26~38℃
키울 때 습도 약 40~60%
먹이 즙이 많은 녹색 채소

번식기에 수컷은 암컷의 뒷다리 냄새를 맡으며 머리를 위아래로 흔들어 구애한다.
짝짓기가 끝난 암컷은 약 15~20cm의 굴을 파 둥지를 만든다.
약 3~12개 정도 알을 낳고 진흙이나 나뭇잎 등으로 덮어서 감춘다.
알은 약 145~231일 뒤에 부화!
암컷이 떠나면 새끼들은 보살핌 없이 홀로서기한다.

10년

1. 방사 무늬는 나이를 알려 준다!

2. 선인장을 먹는다!

3. 암컷은 알을 보살피지 않는다!

방사거북은 다른 어떤 곳보다 '등딱지'가 가장 눈에 띄는 거북이야! 어두운색 바탕에 주황색 무늬가 두드러진 이 등딱지는 적들을 막아 주기도 해. 아름다우면서도 복잡한 이 등딱지 무늬가 최고의 자랑이지. 재미있는 점은 등딱지의 무늬가 1년에 하나씩 늘어난다는 사실이야. 무늬가 몇 개인지를 세면 녀석의 나이를 알 수 있어. 그런데 복잡하고 많은 무늬를 모두 세기는 쉽지 않겠지? 채소나 식물을 즐겨 먹는 방사거북은 특히 선인장을 좋아해!

악어를 닮은 무시무시한 거북은?

KEY 01
전체적으로 거칠고 울퉁불퉁한 느낌!

KEY 02
악어를 닮은 무시무시한 외모!

KEY 03
지렁이 비슷한 미끼가 있는 입!

나는 미국 남동쪽의 해안과 멕시코에서 사는 거북이야.
호수나 늪, 강에서 마주쳐도 너무 놀라지 말라고!
난 진짜로 악어를 닮았으니까!

1

2

3

4

➲ 정답은 뒤에서 확인!

153

최강의 턱 힘을 자랑하는
악어거북

이 름	악어거북(Alligator Snapping Turtle)
학 명	Macrochelys temminckii
등딱지길이	약 65cm
수 명	약 50~60년
서식지	미국 남동쪽 지역의 해안 지역과 멕시코
인기도	★★★☆☆

● 정답은 2번

엄청난 이빨과 턱의 힘, 거친 외모가 악어를 닮아서 '악어거북'이라는 이름이 붙었어요. 악어거북은 민물에 사는 거북 종류에서 제일 덩치가 커요. 무시무시한 외모와 다르게 이빨은 없어요. 대신 부리를 닮은 입으로 사냥한답니다. 큰 덩치 때문에 사냥감을 다 놓치겠다고요? 천만의 말씀! 악어거북은 사냥 속도가 빠른 편이에요. 게다가 물어뜯는 턱의 힘이 어마어마해서 어떤 먹잇감도 빠져나가지 못해요.

악어거북은 사냥법이 굉장히 독특해요. 입을 벌려 지렁이 같은 연한 분홍빛 혀로 물고기를 유인하며 기다리거든요. 이를 '루어링'이라고 부른답니다.

악어거북은 성격이 사나워서 일반 거북과는 다르게 생각해야 해요. 엄청난 크기 때문에 자그만 일반 거북은 상대도 되지 않아요. 심지어 악어까지도 공격하고 물고기나 양서류 등을 닥치는 대로 먹어치워 생태계를 어지럽히거든요.

© Flickr(Gerwin Sturm)

세계에서 제일 못생긴 거북은?

KEY 01
다른 동물들보다 못생긴 외모!

KEY 02
땅과 물에서 생활하는 거북!

KEY 03
몸길이 이상으로 길어지는 목!

나는 남아메리카 주변에서 사는 거북이야.
못생긴 내 외모가 사람들에게는 오히려 매력이라며?
얼마나 못생긴 거북인지 아래에서 한번 찾아볼래?

1

2

3

4

↪ 정답은 뒤에서 확인!

못생긴 외모가 최고의 매력!
마타마타거북

○ 정답은 3번

이 름	마타마타거북 (Mata Mata Turtle)
학 명	Chelus fimbriata
등딱지길이	약 45~50cm 이상
수 명	약 40~75년
서식지	남아메리카 주변
인기도	★★☆☆☆

마타마타거북에는 아마존과 베네수엘라, 두 가지 종류가 있어요. 이 둘은 생김새에 차이점이 거의 없지만 몸통의 색이 달라요. 아마존마타마타거북은 어두운색 바탕에 붉은 무늬가 있지만 베네수엘라마타마타거북은 빨간색과 검은색 등 여러 색이 섞인 바탕에 무늬가 적답니다.

이 거북은 세계에서 가장 못생긴 동물 상위권에 있을 만큼 생김새가 곱지 않아요. 몸보다 길게 늘어나는 목도 독특한 점이에요.

삼각형 머리에 나 있는 예민한 여러 돌기는 사냥하는 데 쓰여요. 머리보다 작은 눈은 거의 퇴화해서 보는 데 도움을 주지 못하지만 빛에는 예민하게 반응한답니다.

마타마타거북은 활동성이 거의 없는 거북이에요. 물속에서 따로 움직이지 않아도 기다란 코만 물 밖으로 빼면 호흡할 수 있어요. 잘 발달한 발톱으로 먹이를 찢어먹기도 하고요.

마타마타거북
관찰 일지

키울 때 온도 약 25~26℃
키울 때 습도 물에서 사는 거북
먹이 물고기·개구리·벌레
짝짓기를 한 뒤 암컷은 알을 낳을 때만 유일하게 물 밖으로 올라온다. 흙이 고운 땅에 판 구덩이에 약 12~28개의 알을 낳는다. : 약 200일 뒤 부화!

쭈우욱!

1. 목이 길게 늘어나서 조금은 불편할 수도?

먹이다!

2. 머리의 돌기는 사냥을 도와준다!

3. 먹이와 많은 물을 한꺼번에 삼킨다!

마타마타거북은 그 못생긴 외모 덕분에 사람들에게 인기가 많아! 몸보다 길게 늘어나는 목은 정말 불편해 보여. 등딱지에 다 넣지 못해서 머리를 옆으로 구부려 넣거든. 입까지 못생긴 이 녀석은 안의 돌기들이 레이더 역할을 해. 물고기가 내뿜는 파동을 이 돌기가 감지해서 사냥하는 거야! 마타마타거북은 먹이와 함께 물을 많이 마셔서 먹고 다시 물만 내뱉어서 먹이를 먹어.

거북류에서 가장 오래 사는 거북은?

KEY 01 땅에 사는 거북!

KEY 02 갈라파고스땅거북과 비슷하게 커다란 크기!

KEY 03 나이를 알려 주는 등딱지 무늬!

나는 마다가스카르의 알다브라섬 평야에서 사는 거북이야. 잔디 주변이나 맹그로브의 늪 등에서 나를 찾을 수 있지. 아래 거북 중에서 제일 오래 살 것 같은 거북은 누굴까?

1

2

3

4

↪ 정답은 뒤에서 확인!

커다란 몸집으로 오래 사는!
알다브라자이언트 육지거북

이 름	알다브라자이언트육지거북(Aldabra Giant Tortoise)
학 명	Aldabrachelys gigantea
등딱지길이	약 90~120cm
수 명	약 170년
서식지	마다가스카르 알다브라섬 평야, 알다브라 산호초 주변
인기도	★★★★★

● 정답은 3번

알다브라자이언트육지거북은 커다랗기로 유명한 갈라파고스땅거북과 비슷하게 큰 거북이에요. 서인도양 전역과 호주, 남극을 뺀 대륙의 **군도**(무리를 이루고 있는 크고 작은 섬들.)에 살았던 흔적이 화석으로 남아 있어요. 덕분에 서식지가 넓었음을 추측할 수 있답니다. 오늘날 IUCN에서 취약종, CITES 2등급으로 들어가 있어요. 이 거북은 큰 덩치와 무게만큼 풀·열매·나뭇잎 등의 식물을 엄청나게 먹어요. 그 모습이 코끼리와 비슷하다고 하여 '알다브라코끼리거북'이라고 불리기도 하죠.

이 거북은 이렇게 많은 식물을 먹으면서 길을 만들어 작은 동물들에게 도움을 준다고 해요. 거북의 배설물은 씨앗을 잘 자라게 해 우림을 풍성하게 하고요. 이런 점들을 보면 알다브라자이언트육지거북은 다른 동물이 살 수 있는 환경을 만들어 주는 고마운 동물이네요!

이 거북은 200년이 넘게 산 개체도 있을 만큼 오래 살기로도 유명해요. 또 음식을 먹기 위해 목이 길게 늘어난답니다.

알다브라자이언트 육지거북
관찰 일지

키울 때 온도 **약 26~35℃**
키울 때 습도 **약 60~70%**
먹이 **벌레·설치류·물고기·갑각류·알 등**

30년 이상이 지나야 번식할 수 있다.
번식기인 1~4월에 수컷은 암컷을 쫓아다니며 소리를 질러 구애한다. :
암컷에게 몸을 들이받는 행동을 하기도!
암컷은 2~5월 사이에 약 9~25개의 알을 낳는다. :
10~12월에 부화!

자신 있으면 세어 보시지!

1. 등딱지를 보면 몇 살인지 알 수 있다!

2. 큰 덩치인데도 엄청나게 빠르다!

3. 온순한 성격이라 사람을 경계하지 않는다!

알다브라자이언트육지거북은 검은색 등딱지의 무늬가 나이테처럼 나이를 알려 줘. 이 녀석은 실제 상황에서 위기를 느끼거나 겁을 먹으면 큰 덩치로 거침없이 질주하니 주의해야 해. 이 거북은 8세 때까지 암컷과 수컷을 구분하기가 힘들어. 8년이 지나고 뒤집어 본 거북의 배가 푹 들어가 있다면 수컷이야!

등딱지에 보석이 박힌 거북은?

KEY 01
물에 사는 작은 거북!

KEY 02
다이아몬드처럼 아름답게 각진 등딱지 무늬!

KEY 03
밝은 회색과 점이 있는 몸통!

나는 미국 동쪽과 남쪽의 버뮤다 해안 갯벌 습지에 사는 거북이야.
민물에서도 살지만, 강물과 바다가 만나는 기수에서 더 잘 찾을 수 있어.
보석처럼 예쁜 등딱지를 했다면 바로 나야!

1

2

3

4

➲ 정답은 뒤에서 확인!

마실 물을 구별하는 똑똑한
다이아몬드 백테라핀

이 름	다이아몬드백테라핀(Diamond Back Terrapin)
학 명	Malacleys terrapin
등딱지길이	수컷 : 약 13cm / 암컷 : 약 19cm
수 명	약 15~20년
서식지	미국 동쪽·남쪽의 버뮤다 해안 갯벌 습지·버뮤다
인기도	★★★★☆

▶ 정답은 1번

다이아몬드를 박은 듯 등딱지의 무늬가 예뻐서 '다이아몬드백테라핀'이라는 이름이 붙었어요. 이 거북은 독특한 특징들이 있어요. '소금기에 강한 피부'와 탈수를 막아 주는 '눈물샘'이 그 특징이에요. 마실 수 있는 물과 마실 수 없는 물을 구별하는 놀라운 능력도 있어요! 비 오는 날 야생에서 이 거북이 입을 벌리고 빗방울을 마시는 모습을 관찰할 수 있답니다. 등딱지의 색은 갈색부터 회색까지 다양하고 몸통의 색도 회색·갈색·노란색·하얀색 등 여러 색을 띠어요. 조개나 달팽이, 수초 등을 먹고 단단한 먹이를 부수도록 턱의 힘도 강해요. 오늘날에는 서식지의 파괴와 무분별한 남획 등으로 수가 점점 줄고 있어요.

두루미 머리가 눈에 띄는 거북은?

KEY 01
물과 땅에서 모두 살 수 있는 커다란 거북!

KEY 02
페인트를 칠한 듯 진한 얼굴색!

KEY 03
두루미처럼 붉은 계통의 머리 색!

나는 다른 민물거북보다 큰 거북이야.
주로 브루나이·말레이시아·인도네시아·태국의 열대 우림에 살지.
난 다른 거북보다 엄청 눈에 띄는 얼굴을 하고 있어.
어때, 한눈에 봐도 딱 알겠지?

1

2

3

4

 정답은 뒤에서 확인!

165

거북계의 패션 강자
페인티드테라핀

이 름	페인티드테라핀(Painted Terrapin)
학 명	*Batagur borneoensis*
등딱지길이	수컷 : 약 40cm / 암컷 : 약 70cm
수 명	약 50년
서식지	브루나이·말레이시아·인도네시아·태국의 열대 우림
인기도	★☆☆☆☆

➲ 정답은 3번

페인티드테라핀은 다른 민물거북보다 더 큰 몸집과 화려한 얼굴이 멋진 반수생 거북이에요. 머리의 색은 붉은색·노란색·보라색 등 여러 색이 오묘히 섞여서 정말 매력이 넘친답니다. 이 거북은 가리지 않는 식성을 자랑해요. 딱딱한 먹이도 잘 먹어서 턱 힘도 강하죠.

오늘날에는 서식지의 감소와 남획으로 위기에 빠져 있어요. '2011 세계에서 가장 위험에 빠진 민물거북, 육지거북 25종'에 오른 거북이기도 해요. 커다란 크기 때문에 집의 작은 수조에서 키우기 힘들어서 널리 사랑을 받는 거북은 아니에요.

신기한 거북류를 찾아라!

이곳은 환상의 거북 숲이에요. 평화로운 이곳에는 거북 다섯 마리가 아무도 모르게 살고 있답니다.
자, 다음 거북들의 특징을 생각하며 잘 찾아보도록 해요.

• 다이아몬드백테라핀 • 방사거북 • 악어거북 • 알다브라육지거북 • 팬케이크육지거북

↪ 정답은 책의 마지막 쪽을 확인하세요!

양서류는 어떤 동물인가요?

물과 땅 두 곳에서 살 수 있는 척추동물이 '양서류'예요. 양서류는 전 세계에 약 7,000종이 살고 그 가운데 90%가 개구리 종류예요. 이들은 새끼 때는 아가미로 호흡해 물에 살고, 자라면서 허파로 호흡해 땅에서 살아간답니다.

1 사는 곳은 물이 있는 곳!

3 대부분 난생

2 부드럽고 촉촉한 피부

4 몸을 지키는 보호색

양서류는 어떻게 분류할까?

양서류		
유미목	무미목	무족영원목

유미목
물과 땅, 양쪽에서 모두 사는 종이에요. 가늘고 긴 꼬리가 있고 대부분 다리가 4개 있어요.

무미목
매끄러운 피부가 있고 꼬리가 없는 종이에요. 두꺼비는 울퉁불퉁한 피부에 땅에서 살아요.

무족영원목
열대 지방에서 발견되는, 다리가 없고 벌레처럼 생긴 종이에요.

양서류의 몸을 관찰해 보자!

호흡 기관
물에서 생활하는 새끼 때는 아가미로, 변태한 뒤에는 허파가 생겨 물과 땅을 오가며 생활해요.

온도에 민감한 동물
양서류는 주위 환경의 온도에 따라 체온이 거의 비슷하게 바뀌어요. 추운 겨울이나 온도가 높을 때 잠을 자기도 해요.

피부
몸집이 작은 양서류는 매끈한 피부가 특징이에요. 피부는 점액을 분비하여 언제나 축축하게 젖어 있어요.

번식 방법
물 가까이에서 생활하는 양서류는 대부분 물속에서 번식이 이루어져요. 알은 날아가는 수분을 막지 못해서 물에 낳아야 해요.

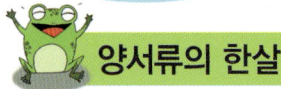 **양서류의 한살이**

1 양서류는 대부분 물에서 짝짓기를 한다.

4 성체가 되면 대부분 허파가 생긴다.

3 양서류는 유체와 성체의 생김새가 다르다. 성체가 되면 대부분 물과 땅 양쪽에서 생활한다.

2 알과 새끼 때는 대부분 물속에서 산다.

 **도롱뇽과 도마뱀은 어떻게 다를까?**

파충류에서 가장 많이 사랑을 받는 도마뱀은 어떤 동물인지 기억하나요? 지금 소개하는 양서류의 한 종인 도롱뇽과 비슷하다고 생각한 친구들이 많을 거예요. 하지만 도롱뇽과 도마뱀은 분명한 차이점이 있답니다.

	도롱뇽	도마뱀
종	양서류	파충류
머리	뭉툭하고 둥글다.	약간 뾰족하다.
피부	비늘 없이 물기가 있는 피부	비늘로 덮인 메마른 피부
다리	짧고 움직임이 느리다.	길고 움직임이 빠르다.
발가락 개수	앞발에 4개, 뒷발에 5개	앞발과 뒷발 모두 5개

세계에서 제일 큰 두꺼비는?

KEY 01
치명적인 독이 있는 두꺼비!

KEY 02
거칠고 울퉁불퉁한 짙은 잿빛 피부!

KEY 03
노란색 (또는 금색) 눈!

나는 미국 북쪽과 멕시코, 남아메리카에서 사는 두꺼비야.
습한 열대 우림을 잘 찾아보면 내가 있을 거야.
자, 여기에서 나는 누구일까?

1

2

3

4

➔ 정답은 뒤에서 확인!

울퉁불퉁 못생기고 먹성 좋은
마린토드
(수수두꺼비)

이 름	마린토드(Giant Marine Toad)
학 명	*Rhinella marina*
몸길이	약 10~15cm / 최대 약 38cm
수 명	약 10~15년
서식지	중앙아메리카·멕시코·남아메리카 등
인기도	★★☆☆☆

➲ 정답은 2번

세계에서 가장 큰 마린토드는 독이 있는 두꺼비예요. 이 두꺼비의 독은 호주에서 1급 약물로 분류될 만큼 강력해서 조심해야 하죠. 준성체는 성체보다 독이 덜 독하다고 해요. 이 독에 심하게 당해 사망한 사람도 있어요. 이렇게 위험한 독이 있지만 정작 마린토드는 위험을 느끼면 독이 아닌 다른 방법으로 방어한답니다. 허파를 부풀리며 상대보다 커 보이게끔 하는 방법이에요. 또는 적이 공격하는 방향으로 등을 돌려요. 등가죽보다 뱃가죽이 얇아서 보호하려는 의도도 있을 거예요.

마린토드는 후각을 이용해 먹잇감의 움직임을 잘 알아차려 사냥해요. 야생에서는 곤충들뿐만 아니라 파충류나 박쥐까지 사냥하기도 한답니다. 굉장한 먹성을 보여서 몇몇 나라의 생태계를 파괴한 원인이기도 해요. 이 탓에 '최악의 외래종 100'에도 명단을 올린 두꺼비이기도 해요.

옛날에는 해충들을 없애려고 마린토드를 들여왔지만 늘어난 수를 줄이려고 노력하는 나라들도 많아지고 있어요.

마린토드 관찰 일지

키울 때 온도 약 18~40℃
키울 때 습도 약 60%
먹이 벌레·새·개구리·도마뱀 등
번식기는 따로 없지만 우기 때가 대부분!
수컷은 고이거나 속도가 느린 물에서 찍짓기를 한다! : 여러 마리 암컷에게 도전!
짝짓기가 끝나면 약 8,000~25,000개를 기다란 알집 모양으로 낳는다. : 약 48시간 이내 부화!

1. 울퉁불퉁한 피부는 만지기 싫을 정도!

2. 극한 환경을 버틸 만큼 생명력이 강하다!

3. 독은 제법 위험하다!

마린토드는 피부가 건조하고 울퉁불퉁해. 몸통 색은 두꺼비마다 다르겠지만 회색·어두운 녹색·갈색 등 여러 색이고 홍채는 노란색이나 금색을 띠고 있어. 이 녀석은 올챙이 시절부터 생명력이 강했어. 민물이 아닌 약간의 염분 있는 물에서도 올챙이들이 죽지 않고 버티거든!
마린토드의 독은 제법 위험해. 피부에 묻으면 따가움이 오랫동안 이어지고 메스꺼움이 느껴지지!

속이 보이는 투명한 개구리는?

KEY 01
보들보들, 말랑말랑한 피부!

KEY 02
장기가 다 보이는 투명한 몸!

KEY 03
밝은 초록빛 몸통과 가루 같은 흰색 점무늬!

나는 중앙아메리카에 있는 나라의 열대 우림과 강가에 사는 작은 개구리야.
볼수록 신기하게 생긴 내 외모는 독특한 매력을 자랑하지.
투명한 젤리처럼 생긴 나는 누구일 것 같아?

1

2

3

4

➲ 정답은 뒤에서 확인!

177

투명한 피부, 가루 같은 점무늬!
파우더글라스트리프록

이 름	파우더글라스트리프록
학 명	(Powdered Glass Tree Frog, Chiriqui Frog) Teratohyla pulverata
몸길이	수컷 : 약 2.5cm / 암컷 : 약 2.8cm
먹 이	곤충
서식지	콜롬비아·코스타리카·에콰도르·온두라스·파나마의 저지대 열대 우림과 강가
인기도	★★★★

➡ 정답은 3번

파우더글라스트리프록은 밤에 활동하면서 작은 곤충들을 잡아먹는 개구리예요. 투명한 배 쪽의 피부 너머로 내장을 눈으로 볼 수 있어요. 다른 글라스프록들과 차이점은 밝은 초록색 몸통에 곰팡이가 핀 듯 있는 하얀 점들이에요. 몸에 가루가 뿌려진 듯해서 '파우더글라스트리프록'이라는 이름이 붙었어요.

투명한 몸통이 젤리처럼 보여서 '젤리개구리'라 불리기도 해요. 이 개구리는 개성 있는 외모와 강한 생명력으로 많은 사랑을 받고 있답니다. 파우더글라스트리프록은 우기 때 수컷이 울음소리를 내며 암컷과 짝짓기를 해요. 암컷은 강가의 나뭇잎에 약 18~30개의 알을 낳아 붙이고요. 알이 올챙이가 되면서 강으로 떨어지면 그때부터 물속에서 생활한답니다.

높은 곳에 올라가기 좋아하는 개구리는?

KEY 01
개구리이지만 물갈퀴가 없는 발!

KEY 02
다른 색보다 연해 보이는 몸통 색!

KEY 03
검은색·회색· 하늘색이 특징!

나는 아마존강 주변에 사는 개구리야.
다른 개구리처럼 습한 열대 우림이나 물가 근처를 좋아하지.
나는 어떻게 생겼을지 한번 맞혀 봐!

1

2

3

4

↪ 정답은 뒤에서 확인!

179

물갈퀴가 없는 개구리
밀크트리프록
(아마존밀크개구리)

이 름	밀크트리프록(Milk Tree Frog)
학 명	Trachycephalus resinifictrix
몸길이	수컷 : 약 6~10cm / 암컷 : 약 8~10cm
수 명	약 8~12년
서식지	남아메리카 아마존강 주변
인기도	★★★★★

➲ 정답은 3번

스트레스를 받으면 흰색의 액체를 내뿜는 특징 때문에 '밀크트리프록'이라는 이름이 붙었어요. 성체 밀크트리프록은 연한 하늘색과 회색의 바탕에 어두운 검은색 무늬가 특징이에요. 이 개구리의 피부는 어릴수록 매끈매끈하고 나이가 들수록 거칠어진답니다. 노란색을 띠는 눈도 빼놓을 수 없는 특징이죠.

새끼 때

성체

밀크트리프록은 높은 곳을 좋아해서 대부분의 삶을 나무 위에서 보내요. 야생에서도 높은 곳에서 자주 볼 수 있는 귀여운 개구리죠.

밀크트리프록 관찰 일지

키울 때 온도 약 18~29℃
키울 때 습도 약 50% 이상
먹이 작은 곤충
번식기가 오면 수컷은 앞발로 암컷을 붙잡으며 짝짓기를 한다.

1. 자라면서 색과 무늬, 피부 촉감이 달라진다!

2. 눈은 사람의 홍채처럼 움직인다!

3. 둥그런 발에는 물갈퀴가 없다!

밀크트리프록은 몸의 바탕색과 무늬가 준성체 때 선명하게 차이가 나다가 성체가 되면서 조금씩 바래져. 이 녀석은 몸의 색과 무늬가 독특하지만 눈도 특별하지. 주변 환경이 밝아지면 노란색의 범위가 넓어져 사람의 홍채와 비슷하게 움직여! 이 녀석은 높은 곳을 좋아해. 높은 곳에 잘 올라갈 수 있는 비밀은 '발'에 있지. 둥근 발끝이 사물을 잘 탈 수 있게 해 주거든!

땡땡이 무늬가 예쁜 영원은?

KEY 01
깨끗한 물에 사는 영원!

KEY 02
어두운색과 밝은색이 대비되는 무늬!

KEY 03
검은색 바탕, 옅은 노란색 원형 점무늬!

나는 깨끗한 계곡이나 개울에 사는 영원이야.
눈에 띄는 무늬와 색 그리고 귀여운 외모로
사랑받는 난 누구일까?

1

2

3

4

➡ 정답은 뒤에서 확인!

검은색 바탕과 땡땡이 노란색이 귀여운 크로카투스뉴트

이 름	크로카투스뉴트 (Yellow Spotted Newt, Lake Urmia Newt, Crocatus Newt)
학 명	*Neurergus crocatus*
몸길이	수컷 : 약 18cm / 암컷 : 약 16cm
먹 이	지렁이·물벼룩·작은 벌레 등.
서식지	우르미아호수·터키 남동쪽·이라크 북쪽의 고산 지대.
인기도	★★★☆☆

➲ 정답은 4번

크로카투스뉴트는 검은색 몸에 노란색 원형 무늬가 가장 큰 특징이에요. 물론 지역마다 나타나는 특징은 조금씩 다르지만요. 이 영원은 물과 땅을 오가며 생활하다가 번식기 때 물속으로 들어가 살아요. 물에서는 물벼룩, 작은 벌레 등을 잡아먹는답니다. 크로카투스뉴트는 예쁜 무늬 덕분에 인기가 많지만, 높은 온도에 약해서 키우기 힘들어요. 한국의 더운 여름 온도 때문에 사육자가 많지도 않고요. 번식하면 최대 200개까지 알을 낳는다고 알려져 있어요. 알과 새끼를 잘 관리하려면 물을 깨끗하게 해 주는 것이 가장 중요하답니다. 변태하여 땅으로 올라오면 성체가 되기까지 약 4~5년이 걸려요.

호랑이 무늬가 새겨진 도롱뇽은?

KEY 01 검은색과 노란색이 눈에 띄는 몸통!

KEY 02 양옆으로 퍼진 두 색이 번갈아 만드는 호랑이 무늬!

KEY 03 흙을 좋아하는 도롱뇽!

나는 연못과 습지, 물가 주변의 촉촉한 땅에서 살고 있어.
화려하기로 치자면 나도 빠질 수 없지.
난 어떻게 생겼을지 찾아볼래?

1

2

3

4

➲ 정답은 뒤에서 확인!

언제나 웃는 얼굴!
타이거살라만다

이 름	타이거살라만다 (Tiger Salamander)
학 명	*Ambystoma tigrinum*
몸길이	약 15~20cm
수 명	약 15~20년
서식지	미국의 태평양 연안
인기도	★★★☆☆

➲ 정답은 4번

검은색과 노란색 또는 짙은 녹색이 섞인 모습이 호랑이 같다고 해서 '타이거살라만다'라는 이름이 붙었어요. 이 도롱뇽은 야생에서 땅을 파고 그 아래에서 살아요. 땅을 파고 살기 때문에 다리와 발이 잘 발달했어요. 여기에 두껍고 긴 꼬리와 작은 눈이 매력 포인트예요!

이 도마뱀은 새끼 때와 성체 때의 모습이 달라요. 새끼 때는 몸통에 외부 아가미가 달려 있는 모습이거든요. 타이거살라만다의 놀라운 먹성은 새끼 때부터 두드러져요. 동족을 먹기도 할 만큼 마구마구 먹어 대기 때문이에요. 피부로 숨을 쉬는 타이거살라만다는 위험해지면 눈 뒤쪽에서 사람에게 해롭지 않은 독을 만들어 내기도 해요. 스트레스를 받으면 코로 공기를 들이마시면서 특이한 소리를 내기도 하고요.

새끼 때

성체

187

타이거살라만다 관찰 일지

키울 때 온도 약 22~28℃
키울 때 습도 약 70% 이상
먹이 지렁이, 작은 벌레

번식기인 우기가 오면 물에 있는 시간이 늘어난다!

1. 화려한 호랑이 무늬로 위험한 척 위장한다!
2. 이것저것 가리지 않고 많이 먹는다!
3. 보이지 않지만 아가미가 줄어들었다!

타이거살라만다는 갈비뼈에 보이는 칼로 썬 듯한 홈과 튀어나온 눈, 둥그스름한 꼬리와 두꺼운 팔이 있어. 무엇보다 호랑이를 떠오르게 하는 화려한 무늬가 매력적이지. 이 무늬는 야생에서 몸을 지켜 주는 좋은 무기야. 화려한 색과 무늬는 적에게 독이 있다고 위장할 수 있거든. 생명력이 강한 이 녀석은 다른 도롱뇽보다 덥거나 추운 기후도 잘 버텨 내지. 움직이는 것은 무엇이든 먹으려 할 만큼 먹성도 좋아! 실제로 미국에 있는 낚시터에서 미끼를 먹으려다 물고기 대신 잡히기도 한대. 타이거살라만다는 새끼 때는 외부 아가미로 호흡해. 성체로 자라면서 외부 아가미가 작아지고 피부로 호흡하지. 하지만 물에서 생활할 때는 아가미가 더욱 발달한대.

냄새나는 점액을 뿌리는 영원은?

KEY 01 등과 배가 전혀 다른 색!

KEY 02 진한 색 바탕에 무늬 없는 등!

KEY 03 불그스름한 주황색을 띠며 무늬가 있는 배!

난 늪이나 연못처럼 물이 있는 곳에 살고 있지!
더러운 물보다 깨끗한 물을 가장 좋아한다고!
앞뒤가 다른 색을 띤 나는 누구일까?

1

2

3

4

➡ 정답은 뒤에서 확인!

등과 배의 색다른 반전이 매력!
파이어벨리뉴트
(붉은배영원)

- 이 름 : 파이어벨리뉴트(Chinese Fire Bellied Newt)
- 학 명 : Cynops orientalis
- 몸길이 : 약 8~10cm
- 수 명 : 약 5~10년
- 서식지 : 중국
- 인기도 : ★★★★

➡ 정답은 2번

불그스름한 주황색의 배 때문에 '파이어벨리뉴트'라는 이름이 붙은 영원이에요. 우리나라 무당개구리의 색과 비슷해 보이기도 해요. 배의 색은 아주 붉은색을 보이는 개체도 있고 주황색을 보이는 개체도 있어요. 배에 있는 무늬도 개체마다 다르답니다.

파이어벨리뉴트는 보통 다 자라기까지 약 1~1.5년 정도가 걸려요. 준성체들은 땅에서 살지만 다 자라면 반수생 특성을 띠어요. 이는 아가미 호흡에서 피부 호흡으로 바뀌다 보니 변화에 적응하지 못해 땅으로 호흡하러 나오는 것이에요. 이 영원은 둥글고 넓은 꼬리 덕분에 수영을 잘할 수 있어요.

파이어벨리뉴트의 머리 양옆과 옆구리에는 '독샘'이 있어요. 위험을 느끼면 독을 뿜지만 사람에게 치명적이지는 않아요. 하지만 상처에 스며들거나 모르고 먹었을 때는 위험할 수 있으니 조심해야 해요.

파이어벨리뉴트 관찰 일지

키울 때 온도 약 14~26℃
키울 때 습도 약 80%
먹이 작은 벌레·지렁이·새우

번식기인 4~7월 초 수컷의 몸에 변화가 온다. :
부드러운 피부, 돌기가 생기는 꼬리 끝,
푸른색이 되는 몸과 꼬리.
수컷은 페로몬을 묻힌 꼬리를 암컷에게
내밀어 구애한다.
짝짓기가 끝나면 약 200개의 알을 낳는다. :
약 20일 뒤에 부화!

1. 옆구리의 흰색 반점이 독을 뿜는 구멍이다!
2. 발가락들은 저마다 길이가 다르다!
3. 화상을 입기 쉽다!

36.5℃
인간의 손은 뜨거워!

파이어벨리뉴트는 위험을 느끼면 독을 내뿜어! '독'이 나오는 샘은 녀석의 옆구리 쪽에 있는 하얀 반점들이야! 이 영원은 저온 동물이라 사람의 온도인 36.5℃가 뜨거울 수 있어. 만지려면 먼저 손을 물에 헹궈서 온도를 낮춰야 해. 그렇지 않으면 영원이 싫어할 수 있어.

세상에서 제일 아름다운 개구리는?

KEY 01
오렌지색 또는 빨간색 발가락!

KEY 02
밝은 연두색에 노란색, 파란색 무늬가 있는 몸!

KEY 03
커다랗고 새빨간 눈!

나는 멕시코와 중앙아메리카부터 콜롬비아까지, 온난한 기후의 열대 우림에 사는 개구리야. 주로 물이 많은 강이나 냇가 주변의 습도가 높은 나무에서 작은 벌레들을 잡아먹지. 제일 화려한 개구리? 그게 바로 나야!

1

2

3

4

↶ 정답은 뒤에서 확인!

레드아이트리프록은 세계에서 가장 유명한 개구리 종의 하나예요. 개구리에 관심이 없는 사람들도 "예쁘다!"라고 느낄 만큼 알록달록한 색이 조화를 이룬 생김새가 정말 아름답거든요! 이름 그대로 나무 위에서 생활하고 땅으로 좀처럼 내려오지 않아요. 작고 날렵한 몸통에 달린 긴 다리와 빨판이 있는 발가락 덕분에 나무와 잎을 쉽게 오르내릴 수 있어요.

이 개구리는 밤에 활발하게 활동해요. 낮에는 팔다리를 몸에 바짝 붙이고 눈을 감은 뒤 나뭇잎에 붙어서 화려한 색을 감추고 잔답니다. 환경이나 위협에 따라 연두색 몸을 다른 색으로 바꿀 수 있어요. 선명하고 밝게 또는 짙은 녹색이나 갈색으로 말이죠.

레드아이트리프록은 외모만큼이나 알도 특별해요. 적에게 공격을 받으면 순식간에 부화하여 미숙한 상태로 자라거든요. 알의 배아가 젤리 막의 움직임에 따라 포식자의 공격을 감지한다고 해요.

화려한 모습으로 인기가 많지만, 안타깝게도 서식지 감소와 남획으로 수가 많이 줄었어요. CITES 2등급에도 올라 있는 개구리예요.

레드아이트리프록 관찰 일지

키울 때 온도 약 22~26℃
키울 때 습도 약 60~75%
먹이 곤충

우기인 10~3월에 짝짓기를 한다.
수컷들이 뽐내는 울음소리를 내 암컷을 끌어들인다!
암컷 한 마리가 나타나면 수컷들은 치열하게 싸운다!
짝짓기가 끝나면 물가의 나뭇잎에 약 40개의 알을 붙인다. 6~7일 뒤에 올챙이로 부화!

1. 알록달록한 몸은 환경에 따라 색이 바뀐다!

2. 새빨간 눈은 최고의 무기이다!

3. 물보다는 나무 위에서 살아간다!

레드아이트리프록은 화려한 색을 자랑하는 개구리야. 연두색·노란색·빨간색이 울긋불긋하게 시선을 끌지? 나무 위에 사는 이 개구리는 위협을 느끼면 밝은 연두색의 몸을 선명하고 짙은색으로 바꿔서 상대를 위협해. 새빨간 눈도 이 녀석에게 좋은 무기이지. 잡아먹으려는 적을 놀라게 하기도 하고 자신이 있는 위치를 헷갈리게 하거든.

황제의 옷처럼 화려한 영원은?

KEY 01
진한 주황색과 검은색이 조화를 이루는 몸!

KEY 02
등을 가로지르는 진한 주황색 줄과 주황색 혹!

KEY 03
넓적한 주황색 머리!

나는 중국 윈난의 고산 지대에 있는 냇가에서 사는 영원이야.
화려한 내 모습을 보고 사람들은 중국의 황제가 연상된다나 뭐라나?
어때, 날 찾을 수 있겠어?

1

2

3

4

● 정답은 뒤에서 확인!

197

강렬한 주황색으로 독을 경고하는!
엠페러뉴트
(황제영원)

이 름	엠페러뉴트(Emperor Newt, Mandarin Newt)
학 명	Tylototriton shanjing
몸길이	약 20cm
서식지	중국 윈난의 고산 지대에 느리게 흐르는 냇가
인기도	★★★★

→ 정답은 4번

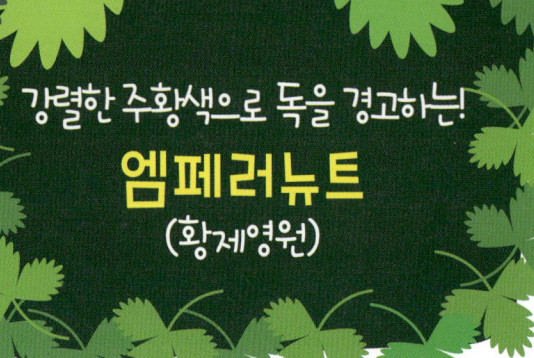

엠페러뉴트가 있는 'Tylototriton'속의 영원들은 생김새 때문에 '크로커다일뉴트'라고 불려요. 현재 다른 동물들처럼 서식지 감소와 남획으로 CITES 2등급에 올라 보호받고 있어요. 이 영원은 얕은 물에 보통 약 30~80개의 알을 일정 기간 꾸준히 낳아요. 알에서 부화한 새끼는 물에서 살다가 변태를 거치고 땅에서 생활하죠. 엠페러뉴트는 독이 무기예요. 위협을 느끼면 머리에서 등으로 이어지는 돌기 밑의 독샘을 갈비뼈로 짜서 분비해요. 이 독은 사람에게도 위험해요. 다만 엠페러뉴트가 느긋한 성격이라 죽기 직전이 아니면 독을 분비하지 않아서 위험하지 않은 듯 느껴질 뿐이죠.

신기한 양서류를 찾아라!

신비한 양서류의 계곡에 오신 여러분을 환영합니다!
이곳에도 귀여운 다섯 마리 양서류 친구들이 꼭꼭 숨어 있답니다. 찾을 준비 됐나요?

· 레드아이트리프록 · 마린토드 · 밀크트리프록 · 타이거살라만다 · 파이어벨리뉴트

➲ 정답은 책의 마지막 쪽을 확인하세요!

절지류는 어떤 동물인가요?

'절지류'는 동물계에서 절지동물문에 있는 모든 생물을 가리키는 말이에요. 마디의 '절'과 다리의 '지'가 더해진 말이죠. 전체 동물에서 약 85%를 차지할 정도로 절지류에는 많은 종이 있답니다. 곤충류·거미류·다지류·갑각류를 포함하여 약 90만 종 이상이 있다고 알려져 있어요. 지리와 상관없이 사는 곳도 다양해요. 이들은 어떤 특징이 있을까요?

1 딱딱하고 단단한 몸

2 몸을 이루는 체절마다 있는 1쌍의 다리

3 좌우 대칭인 몸

4 세 부분, 두 부분의 몸

머리 / 가슴 / 배   머리가슴 / 배

절지류는 어떻게 분류할까?

절지류			
곤충류	거미류	갑각류	다지류

곤충류

절지류의 약 85%를 차지해요. 다리가 3쌍에 머리-가슴-배의 몸으로 이루어져 있어요.

곤충의 한살이

곤충은 변태(탈바꿈)를 거치며 성체로 성장해요. 한살이에는 완전변태와 불완전변태 두 가지 과정이 있답니다.

완전변태

알 → 애벌레 → 번데기 → 성충

대표 예 나비, 풍뎅이, 호랑나비

불완전변태

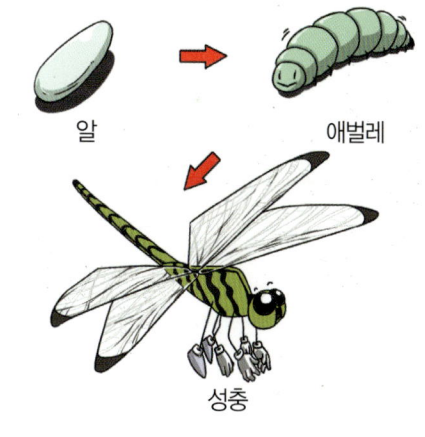

알 → 애벌레 → 성충

대표 예 메뚜기, 잠자리

거미류

다리 4쌍에 머리가슴-배의 몸으로 이루어져 있어요.

갑각류

두껍고 딱딱한 외골격으로 덮인 몸이 특징이에요. 다리 5쌍에 머리가슴-배의 몸으로 이루어져 있어요.

다지류

다리가 많고 머리-배가슴의 몸으로 이루어져 있어요. 습기가 많고 축축한 곳을 좋아해요.

절지류의 몸을 관찰해 보자!

심장과 피
심장에서 나온 피는 혈관이 없어서 바로 조직에 스며들었다가 심장으로 되돌아오는 구조예요. 이들의 피는 사람처럼 붉은색이 아닌 헤모시아닌이 섞여 파란색이거나 무색이랍니다.

딱딱한 몸
키틴질 또는 석회질로 이루어진 외골격에 싸인 몸은 작은 충격에는 꿈쩍하지 않아요. 단단한 외골격에 싸인 절지류들은 어떻게 자랄 수 있을까요? 주기적인 탈피 덕분이에요.

더듬이
청각과 촉각을 느끼는 더듬이도 대부분 있고요. 후각도 더듬이에 있는 기관으로 느낄 수 있어요. 미각은 다리의 끝으로 느낀다고 해요.

눈
눈은 절지류 대부분이 발달했어요. **겹눈**(가느다란 낱눈이 벌집 모양으로 모여 생긴 눈. 홑눈에서 얻은 상을 모아 하나의 상으로 형성해 본다.)이 있는 종이 많고 거미처럼 **홑눈**(밝고 어두움을 구별하여 활동성을 조절.)만 있거나 곤충처럼 홑눈과 겹눈이 있는 종이 있답니다.

절지류의 파란색 피 외에 다른 색 피가 있을까?

사람들은 다치면 빨간색 피를 흘려요. 하지만 절지류는 정반대인 파란색 피를 흘린답니다.
놀랍게도 피는 생물에 따라 여러 가지 색을 띠어요. 절지류의 파란색 피 외에 어떤 색 피가 또 있을까요?

빨간색 피
생물 : 척추동물 대부분.
무엇이 들었을까? : 헤모글로빈. 적혈구에 있으며, 철이 들어 있다.
색 : 산소를 흡수하면 선홍색, 산소를 빼앗기면 검붉은 색이 된다.

파란색 피
생물 : 거미류·갑각류·일부 연체 동물(오징어, 문어 등)
무엇이 들었을까? : 헤모시아닌. 구리가 들어 있다.
색 : 산소를 흡수하면 파란색, 산소를 빼앗기면 투명한 색이 된다.

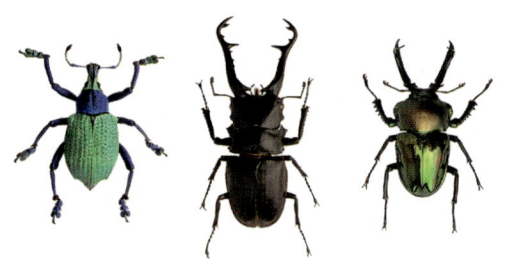

초록색 피
생물 : 일부 환형동물, 선충(지렁이, 거머리 등)
무엇이 들었을까? : 클로로클루오린. 헤모글로빈과 구조가 매우 비슷하다.
색 : 산소를 흡수하면 초록색, 산소를 빼앗기면 연한 초록색.

보라색 피
생물 : 일부 해안 벌레
무엇이 들었을까? : 헤모라이서린. 헤모글로빈에 비해 효율성이 크게 떨어진다.
색 : 산소를 흡수하면 분홍-보라색, 산소를 빼앗기면 투명한 색.

세계에서 제일 큰 타란툴라는?

KEY 01 커다란 몸과 긴 다리!

KEY 02 북슬북슬한 털이 빽빽한 커피색 몸통!

KEY 03 다리에도 빽빽한 털!

나는 남아메리카의 고지대 우림에 사는 거미야.
아마존이나 수리남, 브라질 북쪽 등에 살고 있지.
습지나 늪지대처럼 다습한 환경을 좋아하는 난 어떻게 생겼을까?

1

2

3

4

정답은 뒤에서 확인!

다리에서 윙윙 소리가 나는
골리앗버드이터
(골리앗새잡이거미)

➲ 정답은 3번

이 름	골리앗버드이터(Goliath Birdeater)
학 명	*Theraphosa blondi*
몸길이	약 30cm
수 명	약 25년
서식지	남아메리카
인기도	★★★★★

세계에서 가장 큰 거미, 골리앗버드이터는 '새를 먹는 거미'라고 불리기도 해요. 이름처럼 작은 새를 사냥하기도 하지만 숲의 바닥에서 활동하기 때문에 그 모습은 거의 볼 수 없어요.

남아메리카의 **아마조니아**(남아메리카에서 열대 우림에 덮인 아마존강의 브라질·페루·콜롬비아·베네수엘라·에콰도르·볼리비아 등에 걸친 지역.)에서는 이 거미가 원주민들이 구워 먹는 음식이라고 해요. 가축을 기르기 힘들고 사냥도 어려운 정글에서는 커다란 거미가 단백질을 보충해 주기 때문이에요.

밤에 활발하게 움직이는 골리앗버드이터는 독이 있으니 주의해야 해요. 사냥한 먹잇감의 몸을 껴안듯이 잡아 독이 있는 송곳니를 박아요. 그다음 신경 독을 넣은 먹이를 굴로 끌고 들어와 사냥을 마무리해요. 거미들은 대부분 딱딱한 먹이는 먹을 수 없어요. 그래서 먹이의 몸에 독을 넣은 뒤 그 체액을 먹는데, 골리앗버드이터도 이런 방법으로 먹는답니다.

골리앗버드이터는 커다란 크기 외에 다리에도 독특한 특징이 있어요. 이 거미는 시력이 좋지 않아서 먹이를 사냥할 때나 위협을 느끼면 진동에 민감하게 반응하는 다리의 털을 문질러요.

골리앗버드이터 관찰 일지

키울 때 온도 약 27~32℃
키울 때 습도 약 80%
먹이 자기 몸보다 작은 새, 벌레 등
부화하고 3~6년 뒤에 성적으로 성숙해져 번식할 수 있다.
짝짓기가 끝난 뒤 6~8주 뒤에 큰 주머니를 만든다.
여기에 약 50~150개의 알을 보관!

생각보다, 별거 아니군!

1. 독은 있지만 사람에게 그다지 위험하지 않다!

2. 위기에 빠지면 다리에서 윙윙거리는 소리를 낸다!

다가오지 마!

3. 수컷은 짝짓기 뒤에도 무사할 확률이 높다!

골리앗버드이터는 독이 있지만 독 알레르기가 없다면 사람에게 해가 없어. 이 녀석은 위험해지면 다리의 털에서 윙윙 소리를 내. 이는 위험 대상에게 경고하려는 행동이야. 골리앗버드이터는 짝짓기가 끝난 뒤에도 수컷이 살아 있어. 거미는 대부분 짝짓기가 끝나면 암컷이 수컷을 잡아먹거든? 이 거미는 다른 거미보다 짝짓기가 끝난 뒤에도 암컷이 수컷을 잡아먹지 않을 확률이 높아!

지네에서 가장 크다는 지네는?

KEY 01
광택이 있는 커다란 갈색 몸통!

KEY 02
박쥐도 잡아먹는 무시무시한 포식자!

KEY 03
머리와 닮은 꼬리!

나는 남아메리카에 사는 커다란 지네야. 아열대 또는 열대 우림 환경을 좋아하는데 썩은 나무나 땅 등에서 나를 찾을 수 있어. 세계에서 가장 크다는 난 어떻게 생겼게?

1

2

3

4

➲ 정답은 뒤에서 확인!

세계 4대 지네의 하나

기간티아
(아마존왕지네)

이 름	기간티아(Amazonian Giant Centipede)
학 명	*Scolopendra gigantea*
몸길이	약 30cm
수 명	약 10년
서식지	남아메리카
인기도	★★★★☆

➲ 정답은 4번

가장 커다란 지네, 기간티아는 4대 지네 가운데 하나로 알려져 있어요. 4대 지네는 갈라파고엔시스(*Scolopendra galapagoensis*), 로부스타(*Scolopendra spec.*), 위리디코르니스(*Scolopendra viridicornis*)가 그 주인공이에요. 이들은 다른 지네보다 압도적으로 커다란 종류들이죠.

기간티아의 독에 감염되면 **부종**(염증으로 살이 상하면서 고름이 나오는 증상.)이 생기고 심하게 감염되면 피부가 **괴사**(몸의 조직이나 세포가 부분적으로 죽는 일.)할 수 있어요. 실제로 2004년에 베네수엘라에서 4세 아이가 기간티아에게 물려 독으로 사망한 사례가 있었답니다. 야생에서는 박쥐까지 사냥하는 포식자이기도 해요.

지네들은 대부분 공격적인 성향이에요. 기간티아도 마찬가지죠. 손만 대도 물어 버릴 만큼 난폭하니 조심해야 해요. 하지만 나이를 먹을수록 순해진다고 하니 잘 관찰해 보세요.

기간티아 관찰 일지

키울 때 온도 약 22~29°C
키울 때 습도 약 75%가 적절.
먹이 벌레, 자신보다 작은 설치류 등

잡았어! 크악!
2. 박쥐를 잡아먹는 무시무시한 포식자이다!
1. 몸의 색은 자랄수록 달라진다!
어디가 머리야! 내가 머리야!
3. 머리와 꼬리는 헷갈릴 만큼 비슷하다!

기간티아는 약 21~23개 마디로 이어져 있고 한 마디에 다리 한 쌍이 달려 있어. 다리 뒤쪽에 가시가 있고 머리 쪽에는 독니가 있지. 이 지네는 새끼 때 진한 빨간색과 검은색을 띠지만 자랄수록 점차 색이 바뀌어. 기간티아는 박쥐를 잡아먹는 무서운 포식자이기도 해. 동굴 천장에서 다리를 세워 거꾸로 매달려 있는데 이는 날아다니는 박쥐가 다리에 잘 잡히도록 하는 자세야! 이 지네는 꼬리가 머리와 비슷하게 생겼어. 꼬리 쪽을 추켜세워서 머리를 공격하지 못하도록 한다고 해!

알록달록 화려한 색을 자랑하는 지네는?

KEY 01

작지 않은 크기와 짧지 않은 몸길이!

KEY 02

알록달록한 몸통 색!

KEY 03

몸통에 교대로 나오는 검은색과 주황색!

알록달록한 내 몸통 색은 사람들의 시선을 사로잡을 만큼 매력적이야.
언뜻 호랑이가 생각날 만큼 화려하거든!
습하고 선선한 곳에서 사는 난 누구일까?

1

2

3

4

➲ 정답은 뒤에서 확인!

검은색과 주황색의 하모니!
하드위키
(인도호랑이지네)

이 름	하드위키지네(Indian Gient Tiger Centipede)
학 명	Scolopendra hardwickei
몸길이	약 22cm
먹 이	곤충·벌레·달팽이·작은 도마뱀·개구리·설치류 등
서식지	인도 전역
인기도	★★★★

➲ 정답은 2번

하드위키는 아름다운 색을 띠는 지네예요. '인도호랑이지네'라는 이름이 있는데도 애호가들 사이에서 학명인 '하드위키(Hardwickei)'라는 이름으로 더 잘 알려져 있어요. 검은색과 밝은 주황색 또는 붉은색이 마디마다 교차해서 나타나는 화려한 색이 일품이랍니다.

이 지네는 활발하게 움직이는 데다가 굉장히 강력한 독이 있다고 해요. 물리면 그 고통이 오랫동안 계속될 정도예요. 키울 때 손으로 쉽게 만져서는 절대 안 되겠죠?

세계에서 가장 큰 전갈은?

KEY 01
번쩍번쩍 광택이 있는 **검은색 몸통**!

KEY 02
무시무시한 힘을 자랑하는 **커다란 집게발**!

KEY 03
사는 곳은 사막이 아닌 **우림**!

나는 서아프리카 쪽의 습기가 있는 우림에서 많이 살아. 전갈 종류에서 내가 가장 잘 알려져 있고 가장 커다랗지. 나는 어떻게 생겼을지 아래에서 맞혀 봐!

1

2

3

4

정답은 뒤에서 확인!

217

집게로 사냥하는 최강의 전갈
황제전갈

이 름	황제전갈(Emperor Scorpion)
학 명	*Pandinus imperator*
몸길이	약 20cm
수 명	약 6~8년
서식지	서아프리카의 우림과 사바나
인기도	★★★★

➲ 정답은 4번

황제전갈은 전갈 종류에서 가장 크게 자라요. 몸은 번쩍번쩍한 검은색이지만 자외선이 비치는 곳에서 녹색이나 푸른색으로 보이기도 해요. 탈피한 뒤에는 황금색을 띠다가 점차 검은색으로 다시 바뀐답니다. 오늘날 황제전갈은 멸종 위기에 처한 야생 동물 5등급에 올라 보호받고 있어요. 물론 CITES에도 올라 있고요.

황제전갈의 독에는 '판디노톡신'이라는 물질이 들어 있어요. 준성체 때는 구부러진 꼬리 끝의 독샘을 사용해 사냥해요. 성체로 자랄수록 커다란 집게로 먹이를 찢으며 사냥하죠. 집게발의 위력은 대형 장수풍뎅이의 뿔을 집어서 으스러뜨리고 쥐도 박살 내는 위력이 있다고 해요. 이 전갈은 주로 밤에 활동한답니다.

황제전갈 관찰 일지

키울 때 온도 약 21~32°C
키울 때 습도 약 75%
먹이 벌레, 다른 절지류 등

짝짓기가 끝나고 약 7~9개월 뒤에 새끼를 낳는다. 특수한 주머니에서 자라는 새끼들의 입은 암컷의 소화기에 이어져 있다. : 암컷이 먹으면 새끼에게도 전해지는 방식! 암컷은 약 10~30마리의 새끼를 낳는다.

2. 큰 덩치와 다르게 독은 의외로 약하다!

글쓰기는 집게발!

1. 번쩍번쩍한 어두운색 몸은 눈길이 간다!

3. 새끼를 업어 키우는 모성애가 있다!

황제전갈은 다리 8개, 눈이 여러 쌍에, 번쩍번쩍한 검은색이 화려한 전갈이야. 세계에서 가장 큰 전갈답게 집게발은 어마어마하지! 황제전갈은 이렇게 집게가 크고 세서 독이 셀 필요는 없어. 반대로 집게가 작은 전갈은 독이 강력한 경우가 많아. 더욱 재미있는 사실은 암컷이 새끼들을 등에 업어 키운다는 점이야. 이 녀석은 평소에는 혼자 활동하지만 가끔씩 무리가 생활하는 <u>군체</u>(같은 종류의 개체가 모여서 살아가는 집단.)가 나타날 때도 있어.

뱀처럼 크고 굵은 노래기는?

KEY 01 다른 노래기보다 훨씬 크고 굵은 몸통!

KEY 02 몸통은 무늬 없이 새카만 색!

KEY 03 무수히 많은 노란색 다리!

나는 동아프리카에 사는 노래기야.
온도가 선선하고 습도가 높은 환경을 좋아하지.
크고 굵다고 알려 줬으니 내가 누구일지 찾는 건 껌이지?

1

2

3

4

↳ 정답은 뒤에서 확인!

검은색과 주황색의 하모니!
아프리카자이언트 밀리패드 (아프리카노래기)

이 름	아프리카자이언트밀리패드 (African Giant Millipede)
학 명	*Archispirostreptus gigas*
몸길이	약 38.5cm
먹 이	초식성
수 명	약 5~7년
서식지	동아프리카
인기도	★★★☆☆

▶ 정답은 4번

아프리카자이언트밀리패드는 노래기과에서 가장 크게 자라는 종이에요. 이 노래기는 위험하다고 느낄 때 두 가지 방어 수단을 써요. 하나는 몸을 둥글게 말아서 부드러운 속살을 보호하는 방법, 또 다른 하나는 몸의 분비샘에서 액체를 적에게 뿜어서 방어하는 방법이에요. 이 액체는 눈과 입에 해롭답니다. 무엇보다 이 노래기는 커다란 몸집이 가장 큰 특징이에요. 무려 38cm까지 자라는 몸에는 엄청나게 많은 다리가 붙어 있고요. 개체마다 차이는 있지만, 보통 다리 개수가 '256개'래요. 상상이 가나요? 아프리카자이언트밀리패드는 습한 곳을 좋아하니 습도를 유지할 수 있는 바닥재를 쓰고 제때 채소를 주면 키우기는 어렵지 않아요.

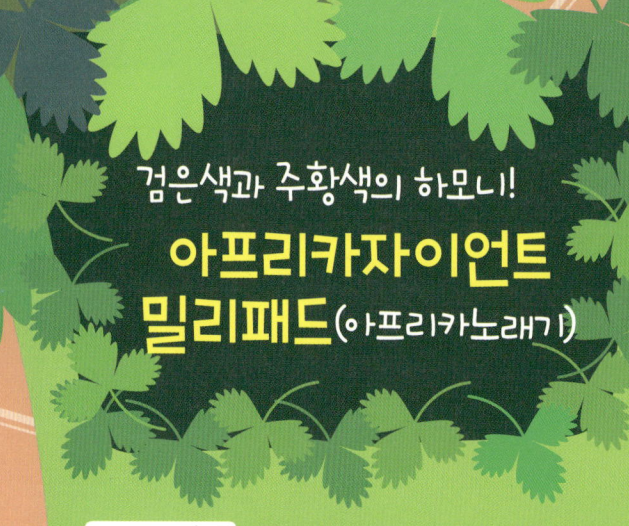

신기한 동물들을 찾아라! 정답

1장 101쪽

2장 139쪽

3장 167쪽

4장 199쪽

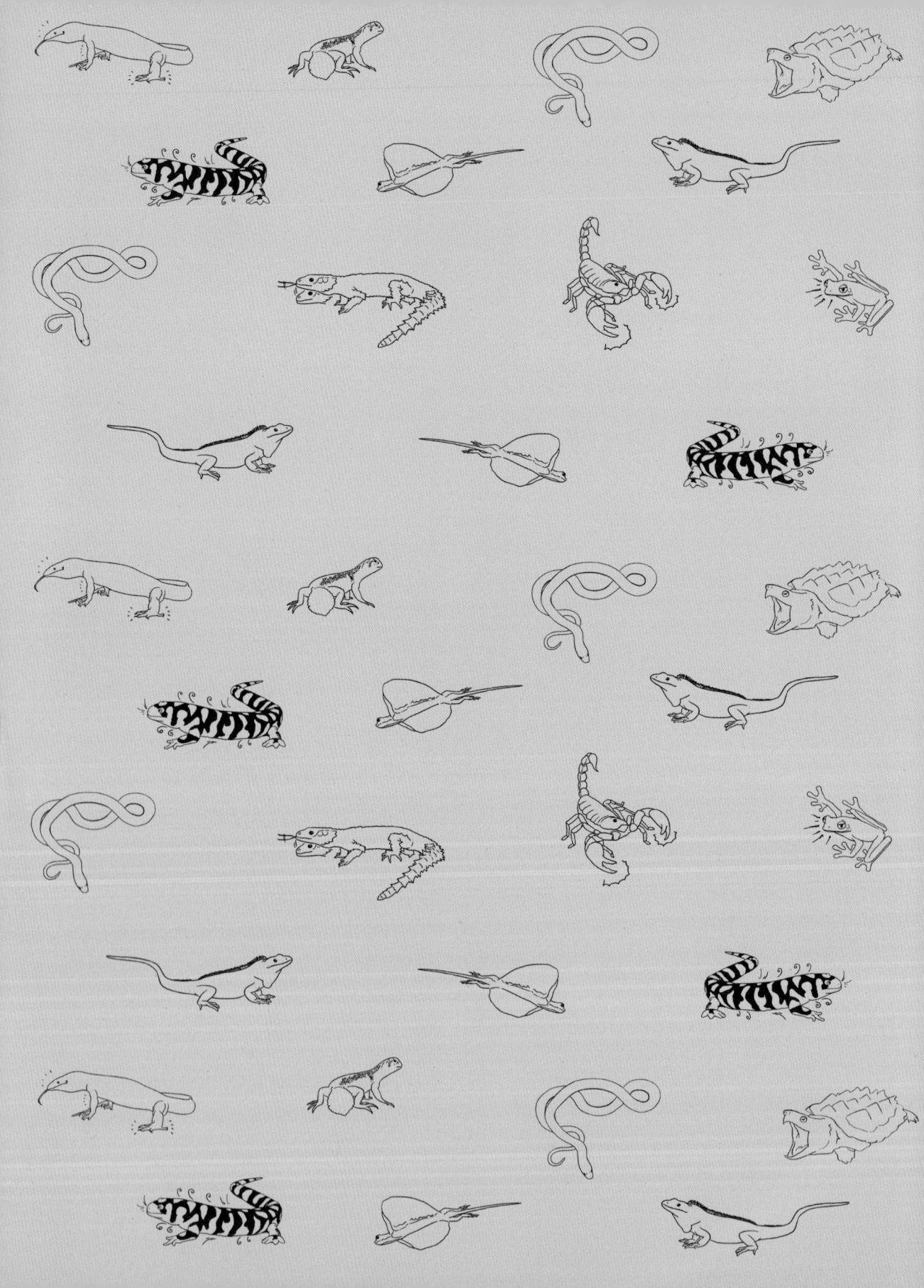